海上絲綢之路基本文獻叢書

南洋與東南洋群島志略

陳壽彭 編著

文物出版社

圖書在版編目（CIP）數據

南洋與東南洋群島志略 / 陳壽彭編著. -- 北京 : 文物出版社, 2022.7
（海上絲綢之路基本文獻叢書）
ISBN 978-7-5010-7681-9

Ⅰ. ①南… Ⅱ. ①陳… Ⅲ. ①世界－概況 Ⅳ. ① K91

中國版本圖書館 CIP 數據核字 (2022) 第 097838 號

海上絲綢之路基本文獻叢書
南洋與東南洋群島志略

編　　者：陳壽彭
策　　劃：盛世博閱（北京）文化有限責任公司

封面設計：鞏榮彪
責任編輯：劉永海
責任印製：蘇　林

出版發行：文物出版社
社　　址：北京市東城區東直門内北小街 2 號樓
郵　　編：100007
網　　址：http://www.wenwu.com
經　　銷：新華書店
印　　刷：北京旺都印務有限公司
開　　本：787mm×1092mm　1/16
印　　張：11.75
版　　次：2022 年 7 月第 1 版
印　　次：2022 年 7 月第 1 次印刷
書　　號：ISBN 978-7-5010-7681-9
定　　價：90.00 圓

總緒

海上絲綢之路，一般意義上是指從秦漢至鴉片戰争前中國與世界進行政治、經濟、文化交流的海上通道，主要分爲經由黄海、東海的海路最終抵達日本列島及朝鮮半島的東海航綫和以徐聞、合浦、廣州、泉州爲起點通往東南亞及印度洋地區的南海航綫。

在中國古代文獻中，最早、最詳細記載『海上絲綢之路』航綫的是東漢班固的《漢書·地理志》，詳細記載了西漢黄門譯長率領應募者入海『齎黄金雜繒而往』之事，書中所出現的地理記載與東南亞地區相關，并與實際的地理狀况基本相符。

東漢後，中國進入魏晉南北朝長達三百多年的分裂割據時期，絲路上的交往也走向低谷。這一時期的絲路交往，以法顯的西行最爲著名。法顯作爲從陸路西行到印度，再由海路回國的第一人，根據親身經歷所寫的《佛國記》（又稱《法顯傳》）一書，詳細介紹了古代中亞和印度、巴基斯坦、斯里蘭卡等地的歷史及風土人情，是瞭解和研究海陸絲綢之路的珍貴歷史資料。

隨着隋唐的統一，中國經濟重心的南移，中國與西方交通以海路爲主，海上絲綢之路進入大發展時期。廣州成爲唐朝最大的海外貿易中心，朝廷設立市舶司，專門管理海外貿易。唐代著名的地理學家賈耽（七三〇～八〇五年）的《皇華四達記》記載了從廣州通往阿拉伯地區的海上交通『廣州通夷道』，詳述了從廣州港出發，經越南、馬來半島、蘇門答臘半島至印度、錫蘭，直至波斯灣沿岸各國的航綫及沿途地區的方位、名稱、島礁、山川、民俗等。譯經大師義净西行求法，將沿途見聞寫成著作《大唐西域求法高僧傳》，詳細記載了海上絲綢之路的發展變化，是我們瞭解絲綢之路不可多得的第一手資料。

宋代的造船技術和航海技術顯著提高，指南針廣泛應用於航海，中國商船的遠航能力大大提升。北宋徐兢的《宣和奉使高麗圖經》詳細記述了船舶製造、海洋地理和往來航綫，是研究宋代海外交通史、中朝友好關係史、中朝經濟文化交流史的重要文獻。南宋趙汝適《諸蕃志》記載，南海有五十三個國家和地區與南宋通商貿易，形成了通往日本、高麗、東南亞、印度、波斯、阿拉伯等地的『海上絲綢之路』。宋代爲了加强商貿往來，於北宋神宗元豐三年（一〇八〇年）頒佈了中國歷史上第一部海洋貿易管理條例《廣州市舶條法》，并稱爲宋代貿易管理的制度範本。

元朝在經濟上採用重商主義政策，鼓勵海外貿易，中國與歐洲的聯繫與交往非常頻繁，其中馬可•波羅、伊本•白圖泰等歐洲旅行家來到中國，留下了大量的旅行記，記録元代海上絲綢之路的盛况。元代的汪大淵兩次出海，撰寫出《島夷志略》一書，記録了二百多個國名和地名，其中不少首次見於中國著録，涉及的地理範圍東至菲律賓群島，西至非洲。這些都反映了元朝時中西經濟文化交流的豐富内容。

明、清政府先後多次實施海禁政策，海上絲綢之路的貿易逐漸衰落。但是從明永樂三年至明宣德八年的二十八年裏，鄭和率船隊七下西洋，先後到達的國家多達三十多個，在進行經貿交流的同時，也極大地促進了中外文化的交流，這些都詳見於《西洋蕃國志》《星槎勝覽》《瀛涯勝覽》等典籍中。

關於海上絲綢之路的文獻記述，除上述官員、學者、求法或傳教高僧以及旅行者的著作外，自《漢書》之後，歷代正史大都列有《地理志》《四夷傳》《西域傳》《外國傳》《蠻夷傳》《屬國傳》等篇章，加上唐宋以來衆多的典制類文獻、地方史志文獻，集中反映了歷代王朝對於周邊部族、政權以及西方世界的認識，都是關於海上絲綢之路的原始史料性文獻。

海上絲綢之路概念的形成，經歷了一個演變的過程。十九世紀七十年代德國地理學家費迪南·馮·李希霍芬（Ferdinad Von Richthofen，一八三三～一九〇五），在其《中國：親身旅行和研究成果》第三卷中首次把輸出中國絲綢的東西陸路稱爲『絲綢之路』。有『歐洲漢學泰斗』之稱的法國漢學家沙畹（Édouard Chavannes，一八六五～一九一八），在其一九〇三年著作的《西突厥史料》中提出『絲路有海陸兩道』，蘊涵了海上絲綢之路最初提法。迄今發現最早正式提出『海上絲綢之路』一詞的是日本考古學家三杉隆敏，他在一九六七年出版《中國瓷器之旅：探索海上的絲綢之路》中首次使用『海上絲綢之路』一詞；一九七九年三杉隆敏又出版了《海上絲綢之路》一書，其立意和出發點局限在東西方之間的陶瓷貿易與交流史。

二十世紀八十年代以來，在海外交通史研究中，『海上絲綢之路』一詞逐漸成爲中外學術界廣泛接受的概念。根據姚楠等人研究，饒宗頤先生是華人中最早提出『海上絲綢之路』的人，他的《海道之絲路與昆侖舶》正式提出『海上絲路』的稱謂。選堂先生評價海上絲綢之路是外交、貿易和文化交流作用的通道。此後，大陸學者馮蔚然在一九七八年編寫的《航運史話》中，使用『海上絲綢之路』一詞，這是迄今學界查到的中國大陸最早使用『海上絲綢之路』的人，更多地限於航海活動領域的考察。一九八〇年北京大學陳炎教授提出『海上絲綢之路』研究，并於一九八一年發表《略論海上絲綢之路》一文。他對海上絲綢之路的理解超越以往，且帶有濃厚的愛國主義思想。陳炎教授之後，從事研究海上絲綢之路的學者越來越多，尤其沿海港口城市向聯合國申請海上絲綢之路非物質文化遺產活動，將海上絲綢之路研究推向新高潮。另外，國家把建設『絲綢之路經濟帶』和『二十一世紀海上絲綢之路』作爲對外發展方針，將這一學術課題提升爲國家願景的高度，使海上絲綢之路形成超越學術進入政經層面的熱潮。

與海上絲綢之路學的萬千氣象相對應，海上絲綢之路文獻的整理工作仍顯滯後，遠遠跟不上突飛猛進的研究進展。二〇一八年厦門大學、中山大學等單位聯合發起『海上絲綢之路文獻集成』專案，尚在醞釀當中。我們不揣淺陋，深入調查，廣泛搜集，將有關海上絲綢之路的原始史料文獻和研究文獻，分爲風俗物産、雜史筆記、海防海事、典章檔案等六個類別，彙編成《海上絲綢之路歷史文化叢書》，於二〇二〇年影印出版。此輯面市以來，深受各大圖書館及相關研究者好評。爲讓更多的讀者親近古籍文獻，我們遴選出前編中的菁華，彙編成《海上絲綢之路基本文獻叢書》，以單行本影印出版，以饗讀者，以期爲讀者展現出一幅幅中外經濟文化交流的精美畫卷，爲海上絲綢之路的研究提供歷史借鑒，爲『二十一世紀海上絲綢之路』倡議構想的實踐做好歷史的詮釋和注脚，從而達到『以史爲鑒』『古爲今用』的目的。

凡例

一、本編注重史料的珍稀性，從《海上絲綢之路歷史文化叢書》中遴選出菁華，擬出版百册單行本。

二、本編所選之文獻，其編纂的年代下限至一九四九年。

三、本編排序無嚴格定式，所選之文獻篇幅以二百餘頁爲宜，以便讀者閱讀使用。

四、本編所選文獻，每種前皆注明版本、著者。

五、本編文獻皆爲影印，原始文本掃描之後經過修復處理，仍存原式，少數文獻由於原始底本欠佳，略有模糊之處，不影響閱讀使用。

六、本編原始底本非一時一地之出版物，原書裝幀、開本多有不同，本書彙編之後，統一爲十六開右翻本。

目録

南洋與東南洋群島志略

南洋與東南洋群島志略

陳壽彭 編著

民國三十五年正中書局鉛印本

陳壽彭編著

南洋與東南洋群島志略

正中書局印行

弁言

南洋羣島爲我國之屏藩門戶，數百年前，我國人生聚於斯，建國於斯者大有其人。舉其犖犖大者，則有明洪武時南海梁道明以三佛齊而稱王；永樂時王某以爪哇稱王；萬歷時張璉以舊港稱王；林道乾以勃泥稱王；林鳳以小呂宋稱王；清嘉慶時澄海人鄭昭王於暹羅；嘉應州人吳元盛王於戴燕；同時羅芳伯王於坤甸；葉來王於吉隆坡；復取檳榔嶼；同安洪某王於呇眼，地方萬里，人口百餘萬。嗟呼吾國人開拓經營，握海外霸權，已非一人一日。其人類皆豪傑不得志於中國者，徒以亡命入海，卒能奠定海宇，南面稱王，不亦壯哉。獨其振臂孤往，毫無憑藉，而但奮其筋骨血汗，縱橫大海之中。當時不知其幾費經營成斯偉業，乃至今日竟已無人能言之矣。良可慨夫。新亞細亞學會會員陳壽彭君有感於此，爲喚起國人之注意，編著南洋與東南洋羣島誌略一書，所有各島山川形勢、天候土宜、人情風俗、物產殊異、行政稅收、水陸交通，記載詳明。有志於南洋羣島與東南洋羣島者、手此一卷，即可知其大概情形。而經營之道，亦可瞭然於胸矣。書成謹弁數言以爲紹介。

中華民國卅三年元旦許崇灝於陪都新亞細亞學會

目次

引言

嗟夫！天傾西北，地缺東南，豈天地尙有憾乎？史記日者傳云，地不足東南，以海爲池，夫池亦苑囿間之地也。故有國者，必恃金城湯池以爲固。吾國東南半壁皆濱於海：東曰東洋，若日本，若琉球，若臺灣，近在咫尺，儘人所知，可置勿論。南曰南洋，西人則謂之中國海。因其西有越南、暹羅，下接蘇門答臘(Sumatra)，其東則由臺灣而呂宋(Luzon)，而西里伯(Celebes)及摩鹿加(Molucea)與之對峙。中有爪哇(Java)列島橫排若雁行，是爲中國海第一重門戶。入其內，又有婆羅洲(Borueo)峙於其間，是爲中國海第二重門戶。天生畛域，拱衛神州。環繞此海國諸島，歷唐、宋、元、明、皆通貢於我，故西人以中國海稱之。誠名從主人之義，吾人安可熟視無覩耶？惟是南洋迤東，東洋以南，汪洋巨浸，是爲東南洋也，而西人則謂之爲太平洋。其間大小島嶼無數，其名悉被西人所更易，不能執吾國舊日史書爲之徵考。道光之末，鴉片之役，林文忠公在粵，欲知外事，廣聘譯人譯歐美史誌，書未成被讁去位，遂與不平等通商條約。徐松龕收其譯稿，刪繁就簡，成瀛寰誌略十卷，發凡起例，頗有可觀。魏默深復收此稿，繁徵博引，廣爲海國圖誌百卷。然按二誌所言東南洋各島，如新幾內亞(New Quinea)，如新西蘭(New Zealand)，如澳洲(Australia)，遞及社會島、友島皆擇焉而不精，語焉而不詳。蓋泥於古而昧於今之過耳。不知東南各島之地勢，其山脈起伏咸自北而南，實與中國海相[illegible]猶我屋畔園林所列之亭臺樓閣，奚可因距房闥略遠而弗顧耶？泰西各國自明中葉以後，舳艫銜尾，弗辭遼遠，來探東南諸島。或占爲窟宅，或倚爲外府。使我要衝次衝之藩籬盡失，且侵及堂奧。吾人悉付諸不聞不問之列，豈不可怪？且彼國博雅之士，恆不辭跋涉，先後游歷，縱覽山川，採問風俗，至於草木鳥獸蟲豸之微，莫不筆之於書，以啓其國人知識。百家雜出，至數十種之多。雖互有短長得失，若爲折衷一是，可補徐魏兩誌之缺。近時吾國遊人、賈客曾經一兩處之地，謂爲考察，成其零星著述遊記，不過就其目擊之商務民風以紀之；而山川形勢，物產殊異，皆舍而弗講，且弗能舉衆說之全，將奚益哉？余不揣固陋，於諸西書中勾玄索要，採譯精華，間亦錄取吾國近人之說，擇其有關利病者言之，薈萃爲南洋與東南洋羣島誌略一卷，以備世之講求誌乘者之參考。

第一章　呂宋羣島

南洋羣島皆馬來種人，或云漢伏波將軍征交阯，留卒守銅柱，世稱其裔爲「馬留」。此說見於隋書。「留」之音訛爲「來」，似其人由交阯徙於羣島。然馬來之人皮膚棕色，體壯而多髯，與中國有別，且奉回教。回教之始祖曰摩哈麥德（Mohamed），「摩」之音與「馬」通，自稱爲馬來由(Malayau)，猶言回教之徒也。元明之交，由爪哇(Java)占居於羣島，而後始達呂宋云。

呂宋諸島從前西班牙人占之，改稱爲菲律濱(Philippine)。菲律濱者，乃西人自尊其王菲律第二(Philip II)之名名之也。「濱」係尾音語助之辭，徐、魏書皆以西班牙本島爲呂宋，以菲律濱爲小呂宋，大誤也。今雖轉入美人之手，而菲律濱之名仍在也。按呂宋諸島距中國之東南三百公里，與臺灣南北對峙，僅隔一海峽，起自北緯十九度四十二分至南緯五度三十分，東經百十七度十四分至百二十六度四分。總共千二百島，有人居者四百零八島。此外多係巖石沙灘，蕪而不治。統計大小諸島幅員面積，約占廿九萬方公里，人口一千三百餘萬。直隸於西班牙，似不及四分之三，中有數部落自治獨立之酋長，謂之薩登(Sultan)，蓋回語之稱可汗也。然積漸多被西班牙侵漁，徒擁虛器，有名而無實矣。諸島之最大者即爲呂宋，在北緯十八度四十五分至十二度三十分，南北長百三十公里與三十公里不等，東西最闊處四十公里，面積五萬一千三百公里，狀如金魚，昂首向北，而掉尾於南以轉東。其北與臺灣相距之海峽，百七十公里，雖似寬闊，而兩旁礁島衆多，惟中間巴稀水道(Pashee Chanuel)可利航行。水道南衆小島似附呂宋，而水道之北衆小島則應屬我，如東沙島之類是也。呂宋島中有山曰加拉婆洛(Caraballos)，來脈蜿蜒全島，分枝相向，各異其勢，致使全島有多山之號。當北緯十度處，山勢分兩枝，其一向東曰塞拉麻池(Sierra Nadre)，巍峨巉嶭，昂然崛起，如擘巨靈之掌，力障太平洋之狂瀾怒濤者。其一向西曰板那助(Banajao)，當北緯十四度二分，高出海上六千二百十四尺，足爲海船標準。島半北向，有兩平原頗廣，一曰加假營(Cagayan)，在山岡之間，中有流水即加假營河，又謂之他祖(Tajo)。一曰班烹假(Pampanja)，長九十公里，寬三十公里，地處低窪，雨季水流成衆河或漫爲數湖，可用舟載物產至馬尼拉(Monila)，又有一高原曰加那連(The Lagunade Canaren)，上有兩河相背而馳。北走者匯於林假營(Lingayan)海灣，南走者亦入馬尼拉海灣。此外諸河俱不甚大，自行傾流向北，最大者曰亞巴利(Apparri)與加假營，皆發源於北緯十六度拉氏山(Monnt Lagsig)，惟加假營則南流，而亞巴利則北流入於島北亞巴利港。港口小船可遠航而入，特盛漲時，上流多木料衝下，勢猛而險。湖亦多，最大者曰剌故備(Lago Bay)，西距馬尼拉十公里，東距海亦十公里。湖身東西相距約三十三公里，南北寬不等，中分三深澳，北有諸山岡與本島相斷續。湖高出海平面五十八尺，深九十至百尺，容納十五小河，及衆溪澗之水。中有數處較淺，若至漫溢，則由巴氏(Pasig)河傾入馬尼拉海灣。湖壖多村鎮，風景如畫，魚菜甚蕃。十八小艇游船，往來如鯽。又有他爾湖(Taal)在剌故備之南數公里，長十五公里，闊十公里，周圍皆崎嶇之山。湖處其間，狀如一大水盂。湖底甚深，上有一火山島，橫約七公里高千六百尺。火山口甚深，通至湖底，橫越一公里，島上全堆火巖。據云此島從前產棉與稻甚佳，一七一六年與一七五四年兩次火山噴溢，因之而荒，今餘叢莽野草，湖中亦產魚蝦。更有鑾打華（The Pinag de Candava）在馬尼拉東北三公里，乃雨季漸瀦以爲湖，與加假營情形相似，長十四公里，闊七公里係由班京假河所漫溢，迨水落仍爲平原，一片青綠草色，與數處不涸池沼而已。

呂宋全島多火山，除他爾湖島之外，馬尼拉四圍之地皆杜華(Tufa)灰土，即天然三夾土之石灰，用爲建築材料甚佳。不知何年何處之火山噴而積此。其餘不時治動者曰馬查奢(Majajai)在湖澳（Lake of Bay），今餘温泉甚深。又有巴閭審(Balusan)在島之南，一峯雙尖，一八五二年曾活動一次，今已熄滅。其附近有亞爾毗（Abbay）或謂之媚恩（Mayan）火山，當北緯十三度十五分，在亞爾毗海埠路北。峯勢危危高舉，是爲菲律濱諸島之主峯，高七千八百餘尺，烟燄陸續噴薄，百年之間，生災兩次。一七六〇年馬林奴（Malinaa）邑被燬，並及亞爾毗山下三大鎮。一八六六年再發，而亞爾毗之邑全燼。相傳加拉婆洛山脊最高一峯，近於島北近處，一六二七年亦曾噴突爲災，今熄久矣。

呂宋島地肥沃膏腴，天氣温和爽暢，惟雨水極多。每年五月至十二月非滂沱即靁霂，大雷電與風尤爲恆事。偶晴不及三、五日復雨，六月至十一月洿瀦汎溢，大者爲湖，小者爲窪，比比皆然。馬尼拉之雨量多至九十七寸，十二月至五月多晴霽而熱，午未時華氏寒暑表恆起至九十餘度，早晚不過七度上下。呂宋一島全在颱風環內，故常見猛烈風災。一八三一年颷風怒發，一船載重六百噸，泊在加菲地(Cavite)埠頭，被風吹上砲臺牆頂。一八五一年十月二十七日颶風旋轉於馬尼拉內二十四公里之地，毀廬舍盈萬。一八六三年六月三日颱風挾以地震，有德國人查高(Jagor)客於馬尼拉，記云：「是日酷熱，適教門節序，街衢甚熱鬧；及晚七點半地忽大動，前後震盪如乘大舟，顛簸於波浪之上，牆崩棟折，頃刻中全埠教堂公廨、軍營民居皆毀壞無有完好者。次日查驗，全傾之屋宇屬公家者四十六，私人者五百七十，縱有幸存，亦破損不堪。地裂二丈，陷深二尺，死四百餘人，傷二千餘，業產喪失約值八百餘萬元。」一八七五年又復大風地震，死二百五十餘人，毀三千八百屋。一八八〇年嚴震三日。一八八二年時疫流行，隨以風災，揭去土人所有屋蓋而壞焉。至若瘴癘之氣，霍亂瘧痢痘疹諸症，馬來羣島不時恆有，不僅呂宋爲然。

西班牙之占呂宋也，由於航海家馬格廉(Magellan)。其人本葡萄牙國籍，生於十四世紀之末，嘗充海船夫役，走大西洋至葡之屬地亞爾菩諾克(Abbuquerque)；因見是時歐人於美洲陸續開地，遂思東方必有餘地，與其鄉人華禮路(Ruy Falers)談之，華精於天文輿地之學，亦以爲然，亟欲一訪，以徵其實。請之葡王，王未許，兩人偕至西班牙，謁西王柴勒士第五(Charles V)，許之，給以貲。謀往馬六甲(Malacca)(此與麻鹿加係兩地，音相似耳)，一行五船，共二百三十六人。一五一九年九月二十日由山陸加(Sau Lucar)海埠開駛，進至美洲南拉伯勒(La Plate)海角，沿巴他哥尼亞(Patagonia)海岸，穿一海峽，即以己名名之，而抵太平洋之南。一五二一年至呂宋羣島，先到民答那峨(Mindanao)，次到志浦(Zebu)，見其人蠢蠢然如鹿豕，以爲可欺，欲占其地而主之。酋怒，率衆與戰，四月二十六日被殺於麥登(Mactan)小島上，諸船遁歸。後四十餘年，西人始遣小艦隊，以非拉博(Villabos)

領之，船數人衆亦不多。一五六五年始占志蒲，次及班貳(Panay)，遂積漸蠶食。前後凡十二戰，始得呂宋本島。因是時其島中囘教徒與北方異教之民爭甚烈，西人乘隙而入。一五七一年始設政府於馬尼拉，改呂宋諸島之名爲菲律濱，以尊其主也。徐誌言求地如牛皮大，似係傳聞之誤，不知西人當時亦頗費力也。馬尼拉一城在島西南近海濱處，即馬尼拉海灣之上，由巴氏河口航行而入約十公里。一六九〇年始建巴拉寫 (Palicio) 大教堂，其上圓頂，當北緯十四度三十五分，東經百二十一度二分四秒，教牧居之。又小教堂十一，尼庵三，遞及公廨、兵營、醫院，是爲駐劄之所。而城之廣，不過三公里，寬大街衢十七，人民十萬，歐人不及五千。人家牕櫺，多鑲蠡殼，雖透明弗若玻璃，足以避風災地震也。其東加爾渣打 (Cal Nada)乃公共散步行樂之所，及晚東馬成羣，游人如蟻。呂宋諸水岸無橋梁，惟此城外巴氏河上有一橋，下列拱門十以便行舟，橋上則通於郊外平奴都(Binondo)商埠。地面雖廣而街道寬窄不一，所砌亦不甚如法，並有衆渠橫隔之。富商列肆而居，有製造雪茄煙廠甚大，役夫二萬人，由政府管理。其出口之貨，若糖、芒果、繩、菸葉、靛、咖啡、棉、米、蘇木、染木、貝殼、玳瑁，歲值三百萬鎊。入口之貨，若棉貨、毛織、鐘表、鐵器、飾器、啤酒、鴉片皆從歐美來，若絲貨、紫花布、硃砂、古玩，皆從中國來，歲值二百餘萬鎊。西班牙與英船每年進出口各三、四百艘，其消息與新加坡尤靈通，是爲呂宋諸島四埠一大都會。西人所設馬尼拉政府，由本國特派總督一員駐劄其地，任六年，統領海陸軍，轄諸島內事，並有副將一員以佐之。組織土人爲軍，計有砲兵兩營、步兵七隊、馬兵一隊、工程兵一隊，而馬尼拉城中有西班牙壯丁一大團，則政府衛隊也。海軍不過四汽船、六砲艇，並大多數艇船供給於海濱而已。分諸島爲四十三州，各置行政官一員，而駐劄分所亦各置統帶一員，扼守要隘。教政除教牧外，則主教三，教士四百八十六，並有委任之助教無數。除馬尼拉外，分設行教之地，於紐西故斜(New Segovia)、紐華(Newva)、加西利(Caceres)並志蒲等處，竭力勸人入其教，而從教者亦驕矜自大。教節則數千人執蠟燭招搖過市，以爲光榮。然教會別無出息，專由政府給以俸薪，是以此項消耗費不得不隱加於賦稅。最奇者二：曰丁口稅，凡男女二十至六十歲，每年皆須報稅領照，雖較小之區亦以頭人與小監督董其事。頭人出於世襲，小監督則由選舉，其眷屬與歐人皆可免稅，惟諸島人民六百餘萬，而樂交此稅者不過一半。反客爲主，時啓爭端，此眞苛政之尤。曰賭博稅，其民嗜此者衆，輸贏之數頗鉅，故徵以稅而給照，是因民之所利而利之，不遑恤有無流弊也。此外菸葉專賣，酒稅亦昂，合之關稅，每年除費用外，皆運所餘鉅款歸奉其本國。是西班牙視此諸島爲外府耳。其政府之役使土人亦酷，男子年二十以上，除編入軍籍外，則調之修道路，守街衢渡口，或爲歐人搬運行李軍裝，有給以薄貲者，有不給貲限期而免者，餘則課以種植菸葉、咖啡、甘蔗，謂爲工作，實則爲其政府廣拓利源耳。中國人之居馬尼拉也，原在西人之先；及見西人爲政之虐，時與之忤，致遭殺戮，不止一次。魏誌言之，頗有可徵。一七六二年呂宋被英人占領，十閱月後，盟於巴黎，西人償以款，英乃退兵去。西人究中國人通英，悉捕縊殺之，死數萬，已而復成聚。蓋利之所在，爭趨如鶩。一八一九年，其政府限令中國人之數六千；而恆至三、五萬。加以中國人寄在其國，娶土人女爲婦，所遺子孫，仍穿中國衣冠，其數不勝枚舉。西人用是設嚴罰之令，中國人亦忍痛受之，因母國不能爲之保護也。一八四二年，重申六千之令，未幾其數且逾七萬，今則且至十餘萬矣。

呂宋人種，雖屬馬來，然馬來之中，其種類亦有區別。有所謂巴朋(Papuans)者，不入回教，奉偶像，或疑爲印度喇吧教之遺者，非也。或疑之爲黎，似係由瓊州黎母山分枝而下，爲羣島舊主人嫡派之子孫，然無實證，未敢決也。有所謂尼古雷（Negroid）者，黑人也，亦非回教，似係印度種，舊隨喇吧教而來。迨回教流入，而馬來之名始著。馬來之人襲用亞剌伯文字，惟言語因各地之土腔高下而殊，遂致不同。及爲西班牙所占而後，強令其人入基督教，遂目喇吧教爲無教，回教爲半教。積薪之勢，後來居上，眞蠻鄉侮老之俗矣。加以中國人及歐人遺傳種子實繁有徒，錯雜其中，若不自別其服式，言其國籍，則牝牡驪黃，誰從而辨之？統以馬來言之，舉其大概也。況馬來男女，面目聲音頗相似，驟然見之，幾不知烏之雄雌，何暇更別其宗派乎？大抵馬來男人穿汗衫與袴，懶惰性成，交際之間，外示謙恭，內懷詭詐，好利嗜殺，不在他人後。能造獨木舟，編織草席草帽，製造雪茄煙盒、金線、陶器、金銀飾器，而農具所用耒耜犂耙則甚粗，以水牛拖之，泥滑尚適用。歸回教者，必行割禮，歸基督教須立誓詞。養生甚儉，所食穀、稷、薯、芋、菜蔬、香蕉、水果。女人則膽怯，穿短袖襯衣及圍裙，善織肩巾手巾，各種絲質學賞匹頭。男子有時著履，女子恆赤足，頗信巫卜。又喜走馬賽跑及跳舞，不亞於歐風，而聚賭雀牌，亦爲所好。平居靜默，不言不笑，若駕獨木舟於海上，爭賽游泳，拍拍有聲，和音哀唱，鮮有相犯。若有人拋銀錢於水中，爭相跳躍，冒險沈下水底，取而銜於口中，是則印度習俗。又有謂之嘉年會者，每年陰曆正月元旦至元宵舉行，陳列商貨外，有雜劇戲玩等，並選女子之美者爲花后，無論土人、西人、中國人，偕同娛樂，固無分畛域也。諸島地近熱帶，雨水時行，草木暢茂，物產因之而豐。甘蔗爲糖，年值三百萬鎊。次爲蔴苧，年可百萬鎊。菸葉係政府專賣，其數祕不可知。咖啡之確數亦不能詳悉，惟就呂宋本島與銘登數計之，年已四、五十萬鎊。計此四項已屬可觀。其工藝所製，最著而難得者爲「平那」(Piña)，乃波羅蜜之絲織成，論者謂勝於印度袈裟布，每匹可售三百鎊。次則輦「平尼輦」(Pinilian)，乃野芭蕉之絲織成，索價亦昂，運至西班牙，爲女主所鑑賞，以五百圓購之。又有一種葛曰亞巴加(Abaca)可匹於絲。似吾國近時市上新出一種之綢，謂之華絲葛。更有一種菸葉曰市路志(Cheroots)，其葉狀圓如馬蹏，售於非洲好望角迤東一帶，年値三百萬鎊。樹木則有麵包果，高五丈，枝粗葉大，開花後結果累累如瓜，初時色青，熟則色黃，大與麵包等，食之亦可充饑。此外烏木、染木、檀木、沉木、蘇木、樟木、香柏、肉桂皆高七、八丈。椰子、檳榔、桄榔亦高四、五丈。果則桔橙、佛手、香石榴、芒果等。穀則禾稷。草則棉靛。商貨則革與樹膠、木料、香料。礦產則金、鐵、硫磺。獸則獼猿之類，大小攸殊，狒狒猩猩，高與人齊，有如狐而軟毛披體者；有夜抱樹枝垂頭倒臥者。香貓、野貓較常貓而大，並有飛狐、飛鼠、鼬鼠、碩鼠、松鼠、蝙蝠，多至二、三十種。鹿頭有小如鼠者，水牛黃牛之外又有野牛、犀、象、羚羊，不一而足。禽則鸚鵡最多，鳩鴿羽毛顏色美麗，亦有鷹、隼、鶺鴒之屬，鱷魚龜鱉，時見於河。蛇則多居溫地，且有大蟒四，五丈，能吞牲畜。蝗蟲盛時，羣飛蔽天。蜥蜴種類亦繁，蝴蝶最美，大小雖不等，色皆鮮明，帶有金絲金點。甲蟲雖小，亦多金點，安排成行，似珠寶首飾，足供把玩。野蜂無數，挂枝或懸崖，作窩造蠟釀蜜。又有蜂雀甚小，毛羽甚麗，嘴尖長，亦結巢樹間，食蜂而飲其蜜。土人則收其所剩之蠟以爲貨，亦有燕窩，詳後婆羅洲誌中。

呂宋本島，其北之東有地角突出海上，曰歐曾奴尖(Eugano pt)。近尖處有小島，曰巴拉拜(Palabi)。其外略西有一島曰加密檢(Camignan)。更西一島曰朱家(Inga)或作福家(Fuga)。略北一島曰打陸排利(Dalnpiri)。更北一島曰巴菩營(Babuyan)。更有無數零星細碎無名小島，乃達巴稀海峽，與臺灣分界。歐曾奴尖與西向之巴他尖(Pata pt)相距，中有一澳，其上三邑，曰朱嬰(Sjuan)，曰亞巴利埠(Port Aparri)，曰亞巴利，是爲其北海之濱。其東由歐曾奴而南，有馬拉媒尖(Pt malamong)、巴郎能尖(Patanan pt)，再南有一港曰壜馬故(Dumago)，上有一邑曰打溺力肯(Danili-can)，又南一澳曰巴禮(Paler)；更南有一略大島曰波利路(Polilo)，其旁東向有一島曰班登奴拏亘(Pau-Tanonaguan)小島；略南又一島曰皂馬力(Jom-alig)，呂宋東濱至此。與皂馬力遙相對處，有運旁海埠(Port Lampon)。此埠係與馬尼拉東西遙峙者。其西由巴他尖轉西南，爲保止多角(C. Bojeador)，南下海濱，有一邑曰巴突(Padog)；又南一小島曰平克(Piuque)，又南曰臺利尖(Dile pt)，上有一邑，曰非曾(Vigan)。又南一邑曰生地哥(Santiago)，又南一澳曰南馬巴肯(Namagpacan)。澳之西南一尖，與之同名。由尖轉以南，一海灣曰林假營，即同名之河所匯處。海灣之西南一尖，突出向西曰保林奴角(C. Boliao)。由角而南，有小澳曰巴助爾(Parzol)，澳外有小島曰赫馬那(Hermanas)，再南有一埠曰馬心樂(Masingloc)，又一埠曰愛巴(Iba)自是而南繞偏東，爲薩碧港(Port Supig)，繞之向西，即係馬尼拉灣，全島至此僅半耳。由馬尼拉灣，出而向南，沿濱而行，其西有陸班小島(Lubang)，再南則汕排那丁奴水道(Sau Bernardins Channel)。水道之北，有灣曰巴拉營(Balayan)，水道之南即銘圖路島。二者相距之間有一小島曰巴登加(Bataugas)，順水道而東有略大之島曰馬林圖克(Marinduque)。此島之北，呂宋之南，有海灣曰他耶連(Tayalan)，上有一邑與之同名。再東則呂宋島山脈縮成一地腰，轉向東，橫斜高下，勢極矢矯。地腰之北向海灣中一小島曰亞刺備(Alabai)，遙與保利路，南北相對。地腰斜向東南至旁突角(C. Bondog)而止。然未到角之間，山脈自分一枝以向北，又繞轉向東，圍成兩灣，在北者曰密誇爾(Mignel)，灣口之西有一叢小島曰加拉跨(Calaquas)，在南之灣曰魁尼呵亘(Guinayagan)，其西即旁突角。灣口東南有略大之島曰擺利(Buras)，隔海即麻士保得(Masbate)島，呂宋山脈又由南而向東，再行南下如鈎，其與麻士保得相距之間，又有一略大之島，其狀如筍，曰的柯（Ticas）。鈎之北有小灣曰亞爾備（Abbay），灣外數小島，有名者曰巴登（Batan），曰包攞拉菩(Bapurapu)。鈎之東南與撒馬(Samar)大島，相隔海峽，即汕排那丁奴水道之出口處。然密誇爾灣之東，山脈向北，再行向東，與巴攞拉菩諸小島圍一灣曰拉故內（Lag noy）。灣之北有一島曰加登途嬰尼士(Catanduanes)，此其大略也。尙有所餘無名小島不備載。

呂宋諸島大者共十二座，除本島外，曰民都洛（Mindoro）、班乃（Panay）、尼格羅(Negro)、宿務(Cebu)、保何爾(Bohol)、雷伊泰(Leyte)、撒馬(Samar)、麻士保得(Masbate)、民答那峨（Mindanao）、蘇祿(Sooloo)、巴拉彎(Palawaon)，而西書舊誌但稱十大島，似其時尙未占得尼格羅與蘇祿，故祇合呂宋本島爲十數。

民都洛在呂宋之南，相隔一海峽，最窄處僅寬七、八公里，島形如瓜子，其西有角突出，曰加拉非得角(C. Calavite)，當北緯十三度二十七分，東經百二十度二十一分，距呂宋之南二十公里。島長百零四公里，闊六十八公里，面積三千九百三十九方公里，人民七、八萬。首邑在北濱曰加拉班（Calapan），每日與馬尼剌往來，有船甚便。其南距蘇祿甚遠，即蘇祿海也。島地多山，樹林稠密，海濱平坦，泥澤滿焉。居人巫馬來種，語言特別有土腔，知識有限，生活良艱，即農工亦笨拙。是島雖係火山質，然不活動。西北一山谷。橫過島地，由亞剌地約(Abradeylo)至銘攞路(Miuburao)，晴乾時可通行，若泛成河，泥濘不堪涉足。東北一湖橫約五公里，在海濱低窪處能曾(Nangan)保拉(Pola)之間，每年潦季後，取谷中濫泥堆高其地。今能曾舊邑昔時教堂建於湖濱者，竟埋入道中十七、八尺，僅露其頂。遂徙是邑近於海，加拉班首邑主治之職，曰亞爾柯得（Alcaldes），邑長也。所屬村落九，皆印度式廬舍，並有副牧師一，其職曰區黌(Cures)。又有土人首領一，團居海濱，與呂宋相隔海峽，卽汕排那丁奴水道。其西艮都洛海峽中，有一淺處曰亞婆(Apo)，其南尖角處一小島曰愛林母(Ilin)，其西亦一小島，而無名。

班乃在艮都洛東南，其大約與艮都洛匹，當北緯十度二十四分，東經北二十二度六分。其形如鱟，有三尖突出，在北者曰波盧尖(Polo pt)，在南者曰那素尖(Naso pt)，在東者曰加碧士(Capis)，東南中間相離處有一小島曰魁仁馬剌(Quimaras)，所隔一線海峽甚窄，遠望幾疑與島黏合。突出之角如鱟尾之禿而短也。全島面積四千七百四十五方公里，島勢高聳，山脈由西北蜿蜒，走向南方地角。別枝由中央走向東北地角，天然分島爲三邑之地。在西曰鶯的克(Antique)，在東北曰加碧士，在西南曰伊羅伊羅(怡朗 Iloilo)，島地肥潤，因衆山流水足資灌溉，能給養大多數人民。產稻尤豐，糖、棉、咖啡、椰子、菸葉、胡椒、烏木、蘇木，皆在樹林中，貝與玳瑁則取於海。民居稠密，數約百萬，是過艮都洛十倍。三邑皆設行政官，鶯的克又稱那非士打(Buenavsta)，卽近那素尖上。怡朗設爲自由海埠，安置大商場，不及馬尼拉興旺，統共七十四鄉。西班牙人多居怡朗與鶯的克島之北，與呂宋相距之間，有三小島，在西者略大而長式曰他白剌(Tablas)，在東者圓式，曰時善營(Sibuyan)，二者中間一較小者曰旁伯郎(Bomblan)，他白剌之北與呂宋南馬林圖克相距之間，有數小島而無名。島之西北與艮都洛相距之間有數小島，列若貫珠。在西略大者曰西密他剌(Semitara)，在中者曰加陸耶(Caluya)。島之西與巴拉灣遙距之間，有小島甚衆，曰庫約叢島(Cuyos)或謂之亞孟得(Amantesls)。島之南距那素尖遙望，有一淺灘曰各爾鑾打(Golcanda)，島之西加碧士尖外，有無名數小島，南下又有數小島曰亞碧唐衆島(Apit un Is)。

尼格羅譯言黑人也，馬來羣島俱有此島之人，參雜其間，此島以爲專名，似必特多。西人地誌稱時不列入十大島之目，想十八世紀之初尙未占得其地。且此島卽在志蒲之西，班乃之東，西班牙旣占志蒲，次及班乃，而尼格羅界在其中，而無一語及之，殆因其人強悍，善用毒矢；從前船礮之製未精，欲吞之弗能下咽，祇得捨而弗錄耳。徐誌言馬來中別一種人，稱曰蕪吉，剛猛好武，技擊最精，揚帆海上，聞其名無不辟易者，豈其人卽蕪吉之類歟？島之狀如曲尺，斜垂向南，長百三十公里，寬約二十四公里，面積三千八百方公里，與班乃之東南相隔一海峽，不過十五公里，與班乃之魁仁馬剌小島相距之中又有一無名小島。尼格羅週圍濱海，破缺之處，如澳如海門者雖多，皆非停泊良港，而島中央山脈蜿蜒起伏，竟與島並，間有數小河，亦不適航行之用。山中黑人實煩，不能計算，沿濱居民約十五萬。所產有蔗、稻、棉、蔴、葛。山中則鹿、猿、野豬。西班牙設一邑於西濱上曰邢馬媚犛(Himamaylan)，領三十一村。雖港道不便於商務，近年西人設廠，製糖其地，將來似可以爲興盛之場。島之北有小島一簇曰塘衆島(Doong Is)，島之西突出一鈍角曰唐素唐尖(Sohoton pt)，其旁有數小島無名。島轉向東而南盡處，一鈍角曰房旁囊尖(Bonbonon pt.)，其旁又有無名數小島。

宿務亦作西蒲(Cebu)，長而窄在尼格羅之東，隔海峽，闊處三十三公里，窄處十五公里，島當北緯二十六分，東經百二十二度七分，長一百三十五公里。面積二千三百五十二方公里。中有山脊，雖不甚高，直貫南北兩端盡處，微銳而尖。小河甚衆，全無火山，產金與煤。人民三十二萬，馬來與黑人參半。西南海濱有一深澳，曰巴顚(Badian)，島之東中段處，有一小島曰麥登，卽麥哲倫被殺之地。此小島長十公里，遮護宿務，成一良港。西班牙設商埠於宿務島上，其城卽以宿務名之。有大教堂一，小教堂數座，成爲一邑，一行政官治之，領四十四郡，並一礮臺，皆在海濱上。內地之人士種蔗甚廣，並製呂宋葛。

宿務之北，呂宋之南，有一島狀如八字，曰廝士保得，東西長八十公里，闊二十公里，面積千二百方公里，山脈走徧全島如半月形，意係古時晶石沙石所結。河沙雖產金屑，額量無多，地土磽瘠，種植艱難，舊時人民僅盈萬，皆馬來與黑種，共九部，不設邑。今頗昌盛，人口增至五、六萬。其南人字分開之下，曰亞西海灣(Asit gulf)，灣東有無名數小島，排列如雁行。島之西有一灣曰孟圖(Madao)，足以設埠。島之北與呂宋相距之間，有一島即的柯也。

保何爾在宿務之東，當北緯十度，東經百二十四度，狀如杏仁，南距民答那峨七十公里，島長四十公里，闊三十公里，面積千二百方公里。山脈彎環，泉盛土肥，產呂宋葛最佳，更有棉與菸葉，人民二十餘萬。島之西南有小島曰班蘆(Panglao)，班蘆之西南又有一小島曰山朋(Sambuan)，島之北亦有一小島曰密奴(Mino)，島之東一小島曰查那(Jagna)。

雷伊泰在宿務與保何爾之東，狀如蜥蜴而禿尾，長百三十公里，闊三十公里，面積三千六百方公里。山脈偏西而走。岡巒層疊於西北，有已滅火山口若干處，似係晶石與火燒渣石構成。據云有金鐵之苗，未經開採，不知其額，惟獲硫磺甚多。東濱墳起略高，西則旁海而低。河雖多，小而淺，不可航行。有兩湖在西北曰查那連(Jarnaran)，在東濱曰必圖(Bito)，皆小，長不逾一公里，闊半公里，水味微酸，似火山口所遺。內地皆樹林，有數處產稻、棉、烏木，並各種嘉木。人民二十餘萬，懶惰污濁，雖似馴良，而知識有限。其東有一邑曰他克洛班(Iabeloban)，在諸恩尼庫海峽(Juanico)進口南，宣言為自由商埠，然無商務。海濱二十八村。島之北有略大一島曰卑禮連(Biliran)，島之西有小島數座，曰加莫得衆島(Camotes Is.)。島之南有小島曰巴囊(Panaon)，巴囊之東有略大之島曰丁那技(Dinagat)，或作伯拉非斯他(Bellavista)，此大小相距之間曰巴囊海峽，係太平洋入艮都洛海門戶：丁那技之東南又有三小島曰杜坡（Dupo），略大者二，曰詩兒故（Siargao），或作喟亞則爾（Oyarza），曰菩加士（Bucas），或作非裴路（Vivero）。並有零星無名數小島，統稱蠻利故衆島（Surigao Is.）。丁那技北又有一小島曰加巴路（Cabarao），其旁又有一小島曰過路島（Passage），蓋太平洋之船來者由此而入。

撒馬乃呂宋諸島最東者，成一不整三角之形，長百二十公里，最闊處四十五公里，面積八千二百八十七方公里，與雷伊泰相隔窄峽，穿越而航，不過二十公里即達，謂爲渚恩尼庫屈海峽是也。島上多山，山脈盤旋，分枝不一，北濱低窪，南則高聳。東北有塞拉港（Sila），並巴拉巴（Palapa）鎮埠。河道多可通入內地，最大者曰洛誇洛坎（Loquilocun），其源自西向十二公里巴拉那士而來，流入東北，於蒲巴審（Bubasan）處入太平洋。距其口之上二十公里，有一淺灘，大瀑布由此急流而下，泛濫山谷，土人鑿木爲搓，橫越可渡。產麥、稻、胡椒、蜜蠟、無花果特盛，並各種木料。人民十七、八萬，共二十八村。一邑曰加沙洛亘（Cathalogan），亦謂之撒馬，爲行政之所，在西濱上，距海十公里。邑中之民不及萬，島之西北角與呂宋東南半島盡處相距，其間即汕排那丁奴水道過路處。水道東南有兩小島，曰巴利誇杜（Balicuatro），水道以內距島之西與廝士保得相望之間，衆小島斷續不等，皆無名。島之東毋林茹乾尖（Rinrgaynpt）南，有歙他邦（Hitaban）兩小島，島之南盡處有小島曰檢南（Gainan），或謂之加力肯（Calicoan）。

民答那峨乃呂宋諸島中第二之大島，在極南處，東西長約二百八十公里，南北寬約二百七十公里，面積四萬方公里。狀參差不一，東北角突出如拳，與蠻利故衆島遙接，轉入其西，有灣曰菩殿（Butuan），西北又有一股如曲臂於西，向南垂下。南有一島曰巴氏聯（Basilan），中有海峽，亦取此名，島身南向如膨脹之腹，週圍犬牙出，成深灣海門者衆。愛力曾(Iligan)在北，愛連那（Illana）在南，兩灣相距不過三十公里，彼此爲半島所隔。衆山綿亘，盤旋不定，在東者有活動火山二。平原深谷亦高下不等。河之著者二：其一與島同名，出海之口曰加他巴除（Cata Batu），在愛連那海灣之南。此水發源於衆山，至平坦處有兩湖，曰蒲漣(Buluan)，曰力假新（Legusin），滙之渟之，而後向西而去。其一河曰菩殿，即在菩殿海灣之南，或疑其發源從內地之珈拉殿(Calalan)大山而來。此山與島南向之深海灣曰打和(Davoa)相距不過十或十二公里之遠。又疑島之中央有湖曰馬瑯登奴(Magnindanas)，遙與此河，並在南兩河曰保爾生(Balsan)，曰力誇新(Liguasin)通消息，兩說莫衷一是。沙房曾(Sapongan)湖在北方半島中，馬連奴(Malanao)湖在愛力曾海灣之南。民答那峨在赤道十度以內，亦係颶風環所及，天氣潮溫過於呂宋。草木蔬果多生於島北，楢木、芒果特盛。鳥類特別者多至二十餘種。北與東濱之人民多信馬來回教，又爲著名之海盜，其本營則在愛連那海灣中。每年結隊衝出，刼掠鄰近諸島，西至婆羅洲，東至摩鹿加(Molucca)，橫行海上。其暴弗亞於蘇祿，亦是蕪吉之類。西班牙既占其地，在於北濱當經東百二十二度至百二十四度三十分之間，並括其西北半島之全部，首邑曰密沙密(Misamis)，在愛力曾海灣內，此海口乃安穩深港，上有十四村，人民六、七萬。其東角亦有一邑，即曰蘇利故，與其外衆島同名，有十二村，人民三萬。其南打和灣內，亦占一小地界，人民不及二千。其西近愛連那海灣之南，亦有一邑曰西連曾(Selangan)，人民不多。半島之南盡處，巴氏聯海峽之上，有商埠曰三寶顏(Zamboanga)，祇兩村，人民約三萬。其外巴氏聯島上有礮臺以防之，並爲駐劄分所，於是海盜之風戢，蘇祿之勢亦因而弱。島北中央有馬加查剌海灣(Macajalar)，灣之東一小島曰加密境(Camignin)。島之南打和灣內亦有一小島曰薩摩爾(Samal)，灣外西向，有已息火山臨於海上，爲島南盡處，曰生吉登尖(Sangnitan)。其外有雙島，曰東西嗶連曾貳(Serangani)，約有附屬小島，不具載。

蘇祿亦作素盧(Sulu)，乃呂宋諸島之最小者也。衆小島叢雜橫列，共百五十餘座，東起於民答那峨之西巴氏聯島，西至婆羅洲之安生角(C. Unsang)，在北緯五至七度，東經百二十二度三十分之間。略大之島二，明史言其有王三分居三島，似當時巴氏聯島係東蘇祿也。巴氏聯之酋卽所謂東王，歸至德州而卒是也。巴氏聯東島旣入西班牙之手，則中島、西島自然無力矣。中島狀如葫盧，東西長三十公里，南北最闊處衹十二公里，謂爲加被營蘇祿(Cabayan Sulu)，北濱一邑，乃其酋之舊都。囘語稱酋爲薩爾登，而明史則謂之峒王也。其地雖小，當北緯六度一分，東經百二十度五十五分五十一秒，人民約十五萬。其西又有一島，大亦相埒，曰西蘇祿，亦稱他亦他亦(Tawi-tawi)，乃從前西王所居也。兩島之間尚有無數分隔之小島，或遠或近，或密或疏，可名者東有伯拉灣(Belawan)，在巴氏聯之南有一小島曰巴他(Pata)。中島之北，偏西略遠，一小島曰班瞿他連(Pangntaran)。中島與西島相距之間，一小島曰洛巴克(Lopak)。此外如萍如粟，無名可指矣。然衆島雖小，所產頗富，在山則檜木、嘉木採之無盡，在海則玳瑁、珠貝取之不竭。民亦種稻、麥、薯、芋。其獸有野象、水牛、黃牛、山羊、小馬。礦質亦有金、鐵。語言雖殊，而亞剌伯文字尙可通行。有時亦賽馬爲樂，善於剽掠，故有海盜之名，不亞於銘圖路也。其船以檜木建造，桅張蓬蓆，兼用十二槳，一隊二、三十船，每船約百人，到處擄人刼貨；所擄之人則賣爲奴，雖白人亦不免。西班牙旣占呂宋，次第掠地，以收諸島，惟蘇祿與之戰，支持幾及三百年，誠勁敵也。歐人商船屢遭其害，且常侵入婆羅洲，劄其東方一隅之地。一八四八年西班牙與荷蘭舉英人蒲洛克(James Brooks)爲將，是合三國之力，大興艦隊，與之抃戰，遂至其島，而其酋已遁，出沒於波濤間，港汊叢雜，無可搜捕。一八五一年用小汽船率隊，再逼其島，毀其都，其酋避免力屈，請修貢，仍爲自主部落。至一八七八年，全權始爲西班牙所握，賣奴之風乃革，其酋徒擁虛器。

呂宋所屬羣島皆在南，圍繞於東，惟巴拉朢獨峙於西，狀如柳葉，由東北斜向西南，幾使呂宋與婆羅洲相接，長二百三十公里，闊十至二十五公里，面積五千方公里，其大可居呂宋諸島之第三。其北盡處，衆小島纍纍，曰加拉銘尼衆島（Calamines Is.），略大者有三，在北曰跋士華江（Busvagon），與艮都洛相距，艮都洛海峽，又名北峽（Northurnberland str.），係入蘇祿海之北口也。其次曰加拉名（Calamine），曰林那加班（Liuacapan）。此三島之間又有無名小島無數。巴拉朢北之東，缺口處皆可爲灣，惟地地（Taitay）較佳，上有同名一鎮，其東有一小島略大曰壙馬連（Dumcaran），其外散布無名之小島亦衆。島之南盡處曰菩力盧營角（C. Booliluyan），有菩素克（Bougsook）衆小島。再南有一略大之小島曰巴剌巴（Balabac），與婆羅洲東北之一島曰班技（Bangney），相距成一海峽，卽名巴剌巴海峽，島之西近南者有馬拉氏灣（Marasy B.），在中央者有杜梨齊洛志灣（Treacherotts B）。此灣之旁，無名小島尤衆；再上又有一灣曰由盧亘（Ulugan），更上則有高島（High Is）、貝營島（Boyan）。其北與地地灣東西相背者，則有馬連耶灣（Malampaa B），其間小島亦甚多。其東由地地灣而南，有深灣（Deep B），有島灣（Islands B），有石島灣（Reocky B），多小島礁石。此島地勢高聳，北濱危巖陡起，質係灰石，似珊瑚質所結而成，他島無之。或云火山之脈由下走入婆羅洲亦不可定。山上皆覆樹木，出藤與蠟尤豐，樟樹大如輪囷，野獸多猴、野豬、香貓、豨豬、飛鼠、小豹，並有美色鮮明諸島。人民屬馬來，多捲髮，而黑種亦雜其間，爲數無多，不過兩三萬。有一酋居於東濱一埠，曰御埠

（Royalist），在島南北適中處。西班牙似僅占其島之半，深灣與由盧亘灣爲界，遙控其酋，使之徒擁虛器而已。島之東，蘇祿海中與班乃遙望之間，其中央卽庫約叢島。是與尼格羅遙望之間，中有加技營(Cagayay)衆島。再南與民答那峨相距之海愈闊，而淺礁與小島愈多。更南則爲蘇祿諸島，而島之西向，相離稍遠中國海之中，小島礁石亦不少，航行者自宜愼之。

西班牙既併蘇祿，踞有呂宋羣島之全部，橫征暴斂，坐享其利，島人不堪命，時思獨立。一八九八年，美國人以艦至，與西人戰，似將救島人於水火之中者。迨美人既勝，占領諸島，一切悉仍西人之舊，雖視島人稍寬，而禁中國人入境則加嚴，惟日本人之入其島，轉盛於往昔。日本貨充塞於市，美人無如之何。島人時求美人如約，許其自立。美人則恐日本之襲其後，未之敢許，遂增損西人舊制，分呂宋本島爲二十一州，班乃三州，尼格羅二州，民答那峨合之蘇祿爲四州，餘島各爲一州。而商務之中心點，仍在馬尼拉。此外宿務之東非素假(Eastern Visagas)港，班乃之怡朗(Iloilo)，民答那峨之三寶顏，蘇祿之早洛(Jolo)，或爲船舶之所，或爲鐵路之站，故較西人所治時，益覺興盛。島人男女多效美國裝束，業農與工。工業不一，各自有會，往往挾加工資，然工貲雖昂，而商貨轉易暢銷，因交通便利耳。

論曰：昔宗元幹志在乘風破浪，及爲振武將軍，伐林邑，既克，邑中珍寶一無所取，歸裝惟枕被而已。不貪土地，不利金帛，誠不愧中國古名將也。歐人至十四世紀之後，得我羅經之秘，輕舟四出，以覓新地，開疆濶土，廣濬利源。麥哲倫心粗膽大，所領五船二百餘人，欲占宿務，被戕於麥登小島，禍由自取也。非拉博繼起，既占宿務，十二戰始入馬尼拉，使呂宋本島無有內訌，以得之亦非易易。乃竟以其王非力第二之名名是島，若歌功頌德者。按之西史，王時始興海軍，造無敵戰艦，大舉攻英。既敗，又値颶風，全軍覆沒。以菲律濱強名呂宋，豈能掩其爲英所敗之羞乎。抑或聊以解嘲歟？若尼格羅，若艮都洛，若蘇祿，苟延殘喘至二、三百年之久。迨船砲之製精，臥榻之側亦不能容鼾睡矣。

第二章 婆羅洲

婆羅洲乃南洋羣島之地大者，居中國海之中央，與粤之瓊州南北遙遙相對。土人自稱曰僕盧加連孟汀(Path Ralamantin)，係土產之果名以名之也。起自北緯七度至南緯四度二十分，經東百零六度四十分至百十六度四十六分。東界西里伯之馬加撒海峽(Macaassar Strait)，及蘇祿西島，西與北皆中國海，南則爪哇海。其狀如破爛之梨，長八百公里，闊七百公里，幅員面積三十萬方公里，人民二百萬。島中衆山綿亙，其脈由東北繞至西北，中又分枝於各向，最高之山曰器尼巴郎(Kiui Balan)，在東北濱上距海十八公里，拉坍亦(Lawi)邑中巍然插入天半，即明史所謂息力大山，封以常寧鎭國之號，鐫御碑文於上是也。英司令伯爾齊(Belcher)測之，高一三六九三尺。英人羅(Low)登之，疑所測非實；一八五八年偕司庫之員莊(St John)，帶儀器欲往測量，行至半途大雷雨暴作，遂不果。島之南偏東之處，有一峯曰的邦(Tibang)，島之東亦有所謂戡南衛角(C. Kuniungun)者，勢亦聳拔。土人皆言較息力尤高，未經測驗，不敢信焉。是息力微特足爲婆羅洲全島之最尊主峯，即馬來羣島中亦無其匹，其餘疊巘層巒，低昂不一，或成邃谷，或展高原，各因其勢。如沙勝越(Sarawak)與沙塘(Sadong)兩谷，在於西北內地百公里間，舉高二、三千尺，諸峯恆至五六千尺。島北文萊(Bruni)部落之東南，衆山恆至七、八千尺。橫脈分枝之處係在北緯二度，而劃開赤道適中處則東經百十三度。河流亦衆，最大者三：曰坤甸(Pontianak)，在西；曰巴力圖(Barito)，在南；曰柯地(Kati)，在東。發源處於內地諸山中皆相近，支流無算，俱由原谷傾瀉而下，至較低部位則漲爲彎曲水道，穿越樹林，漫衍平原，積淤卑溼。北濱之河皆較短，然納赤道強盛雨水，則漲落無恆。其最著曰巴滕盧巴(Batang Lupar)，流至沙勝越入海；曰文萊河，即土酋文萊都城，繞以向東，入於文萊海灣。兩河之發源皆從馬利(Malei)山脊而下。此山脊分島爲兩部，北窄而南甚寬，北地盛而南多荒寂。蓋地廣物博而人民較稀也。湖亦衆，最大者亦名器尼巴郞，在息力大山之東，故以山名名之。週圍一公里，中有數島嶼，沿岸多村落，風景如畫。

全島地質，雖有火山或熾或息，其發露除花紋石、晶石、灰石、沙石、火石、火燒渣石外，而煤礦甚豐，質多且佳。若沙勝越、若文萊、若馬展(Baniermassin)等處皆有之。英人莫地(MrMottey)爲之考驗云：煤層稠密，皆草木縱橫覆壓化而爲煤，尙有蔬類痕跡存乎其間。蓋從前島地之上草木生長極速，經暴風疾雨倏然傾倒，堆作一團，而塵土又蓋其上，年久月深，因地中薰蒸，遂化成煤，故層層壓疊於礦中。大抵其樹之高大者，一幹必長六十尺，其圍或至七、八尺，中間含有半透樹膠，所凝之團並炭酸微質，儼然可徵其直幹之狀。而栟櫚之直幹尤堅硬，其葉有圓如扇，有散如羽者，雜以鳳尾草之葉紋，隱隱可辨於煤中，然又有螺蛤之殼灰夾之，可知成煤之處乃古時海濱溼地也。此說較胡僧所言昆明刧灰尤明晰。

婆羅洲種人雖多馬來回教徒，居於海濱，亦有巴朋儌人雜乎其中，居馬利山脊前後。內地則有謂台耶克(Dayks)種，體質與馬來殊異，似係鄰境之人，結隊闌入而占籍者。而台耶克之中，又分數種，語言不同，名號亦別．最著者二：曰陸，曰海。陸地之台耶克多在鏗奴毋亦志(Kanowits)之間，與巴加登(Bakatans)等處，喜出獵，有獵人頭(Head Hunter)領之。海上之台耶克多在柯地與巴連母(Barram)、毋利會(Rejang)、卑塗塗(Bintutu)水源之處。本係海盜，其名目雖有陸海之分，而蠻悍性成，陶鑄軍械攻刼鄰境，擄人販賣，暴虐則一。諸鄰畏之如虎，恆棄地遷徙以避之。此外尚有幾種之人，黔刺其面或身體，以爲美觀，眞異教者也。馬來之人其服式略與呂宋同，台耶克則衣樹皮之衣，謂之柴華得(Thawat)，乃一種樹皮擣薄柔韌，如羊革者製之。穿於兩腿之間，圍腰以樹皮之帶或竹絲或銅絲束之。有時亦穿棉布短衫，態度活潑，嬉笑如小孩，喜跳舞。女則首戴花冠或飾珠寶，雙髮墳起，成雙雙之髻，下垂以花，耳璫則墜以鈴，大如核桃；以錦帶披肩，交叉胸背，頸上或掛纓絡、或掛金珠與鑽石之飾品，臂環手釧瓦而粗，腰繫圍裙，非絲則錦，其前幅垂下如紳，用錦或繡綵，裙緣皆綴以縚，腰用錦帶束之。赤足，而脛上之釧其數較多於腕。兩手握拳插腰際，作媕娜之狀，有時亦踏歌，作梵音之唱。男子則作戰士之裝，首戴之帽其色分三、五層，頂插鳥羽兩三莖。耳亦垂璫大如碟，下又綴鈴上。身穿半臂，腰以絲巾爲帶，前掛一錦甚短，錦下緣亦綴以縚。兩腿與臀圍以布，亦不甚長。臂環脛釧則不如女之多。左手執一長方盾，右手執矛，長與身齊。舞時不在於假抱跳躍，多追逐以爲歡樂。男女相悅則婚配，女子既嫁，就壻家工作，有時送餉田間，亦助耕耨。其建屋之法甚奇，陸台耶克之屋，恆建於危崖之半，樹陰之中，望不能見。若無樹木，則在幽深奧曲以深藏，出入上下須繞越僻靜處，以竹梯爲階級門戶；又置鑼以防刼擄，鑼鳴則附近崖隙諸村皆鳴砲相應援。故無事時，游人至其地，似皆荒寒寂寞，如入無人之境。海台耶克之屋多建於水濱，立柱於汚泥之上，高丈許，建屋柱頂，屋之高不及丈，如鳥巢焉。夾貝葉爲瓦，劈竹片爲地板，編篷爲牆壁，塗以蠣殼之灰，中無隔堵。妻妾子女恆就竹板而臥，出入上下亦用梯。列肆之屋亦與此同。街道皆水淺可涉，水大則須小舟以濟。然無論海陸，其村中必有一公屋較大，男子及丁未娶者皆使居其中，不與父母姊妹同住。遇客亦許住於其間。各村皆有頭人，頭人之屋亦大，主持一村之事。村中輕年寡婦須與頭人同住，頭人喜則納之，否則聽其改嫁。舊時頭人門上纍纍然掛人之顱骨，以多爲貴，示威猛也，今則革矣。別部亦有一室聚居，倫常無別。又善建竹橋，當河水漲高流急，足不可涉，舟不能渡，欲通至種植之場，或別村之路，無由得達，則編大竹以藤繩縛紮，置諸懸崖大石之間，層遞相接，長至二、三十丈，浮空高於水上者數丈。間有稍弱之處，則以藤牽之，懸於樹間，以助其力。中間又置扶手之欄，可以攀援，逕行無礙。惟歐人甚畏之，因著皮鞾行竹皮上，滑不容足，鮮不傾墜於橋下。是以見之無不歎爲神奇也。其土人心機雖精巧，然不能編造文字，惟馬來借用亞剌伯之字以記語言。其南方種人有印度「莫假沙利」(Mogassari)，謂廟曰「程地」(Chanai)，其音略似於爪哇。而西南方一帶尚存有印度偶像之廟頗多，可知昔時印度喇嘛古教，先由爪哇流入，而回教與歐人皆步武接踵於後者也。詳爪哇誌中。

婆羅洲中，天氣約與呂宋同，低地潮溼而熱，恆有瘴氣多疫。北方之地較高爽，華氏寒暑表正午時恆由八十一度至九十一度不等。雨季則十一月至五月，暴風雨時作，西濱尤盛。惟地震風災不及呂宋之虐。西人初至其地也係一六九〇年，葡萄牙人在其西濱班齊馬沁求隙地爲埠頭。未幾荷蘭人踵至，力驅葡萄牙與班齊馬沁之酋，立約通商。一七四三年建砲台，設廠所，以固其基。一七七八年則拓地西濱之坤甸並及其他地。一七〇二年英人欲占其西北一地，不得志。一七七四年，始得沙拉華克隙地爲商場。後由蒲洛克(Sir James Brooke)拓之而立政府，今分別言之如後。

徐誌言是島明時有東西二王，永樂四年各遣使來朝。按東王似指其東北息力山下蘇祿種人之酋長，今其裔巳微矣。西王則在島北中央之蒲嗣尼，今雖尙可自存，而疆界亦已促削。究之是島當時之部落衆多，所稱酋長如蘇爾登，各據一方，實不止於二王。弱肉強食，內爭烈而外侮遂生。其人旣無文字，更無史書，欲徵文考獻，不若杞宋尙有可觀，是以但就近今者記之而巳。

文萊乃島上最脊之部落，在嬰假嬰假山脊(Ahga Angam.)之北。其酋所居之城圍之以木，與部落同名。距北濱之南十五公里，加洛營(Caloyan)河上，當北緯五度三十分，東經百十四度五十三分，衞以礮台。居民亦列柱河旁，架屋其上，出入以舟。大船乘高水可駛入，風景甚似意國著名之威尼斯(Vanice)，堪以入畫。惟就近觀之，則汚瀦澤潦，亦非佳境。全部面積七萬零四百三十五方公里，人民三十萬，而居城中者，不及三萬。地居赤道，草林蕃昌。有所謂沙貢(Sago)者，其樹亦栟櫚之類，高五、六十尺，開花後，樹皮之內有粉如麵，卽俗謂檳榔麵是也。肥時此粉且溢於葉上，土人收其粉噴以水，使結爲細珠，卽俗謂西國米是也；或和水如麵，切成條乾之，謂之粉條，以僞燕窩。其出口之佳者，係產於此部。海燕與梁燕異，尾短而翅較長，身亦較大，無春秋來去遷徙之忙。恆食此粉，入嗉不化，則吐出如膠黏於崖石之上，積數日則成窩。生卵其中，子長則棄去，復壘新窩。一年育雛三次，其窩遂層疊崖上如木耳，土人擇其棄者，刮而收之。然馬來諸島俱有此種海燕。他處土人或建石屋於山上，引燕結窩。然他島所產弗若婆羅洲，而婆羅洲所產又弗若文萊，在其地祇當蔬菜之類，價不甚昂，而土人亦不善食，因其無味也。自本草拾遺收以爲藥，中國人竟以珍品視之。不知其本質與沙貢粉條同，致貽西人之誚。其餘則橡皮膠、蜂蠟、解毒石、樟腦等出口甚多，入口則銅鑼、銅絲、蠶絲、棉衣，其交易多至新加坡，經中國商人之手。

島上馬利山脊峯巒綿亙向東者，盤越嬰假嬰假衆山，繞至東北之息力大；山而向西者，盤越庫林屏

(Krinbane)衆山，繞向西北打淦角(Datu C.)，畫島爲兩。在北之地弗及在南四分之一。而在南諸部皆爲荷人所占。最要者卽坤甸，在於西濱。連打(Landak)與卡布斯(Kapuas)合流處，乃坤甸部落酋長之都，建於是河兩岸，闊九百尺，其海口與城同名。荷人設駐劄所，治西濱各部。從北緯二度五十分至南緯二度五十分，東經百零八度四十五分至百十二度五十分。駐劄所屋宇近於圖跋礮台，(Eort Du Bus)當北緯零度二分，東經百零九度一分三十秒。中有酋長之宮，回教之寺並醫院等。人民不及萬，而中國人則有二、三千，商務不甚旺。界內植物富足，耕種尤宜，產米、果、棉、靛、咖啡、甘蔗。其駐劄所附屬諸部甚廣，曰連打，曰孟巴華(Mampawa)、曰山巴(Sambas)，並北至莽拉圖(Montraao)有礦之地。南方諸部曰地營(Tayang)，曰尋京(Sinpmgo)，曰馬登(Matan)，或謂之薩加打馬(Succaaama)，並內地諸部曰生江(Sangawn)，曰西加黨(Sekadown)，曰新連(Sinlang)。莽拉圖與別部多金礦，馬登則鐵苗尤旺。山巴之鑽礦曾得一最有名鑽石，重至三百六十七加辣(Carats)，是爲世界上不可多得無價至寶，今猶藏於馬登酋長宮中。房登那駐劄所總計諸部礦產所得之金，年可四五十萬兩。人民四十萬，其中台耶克二十五萬，馬來九萬，中國人四、五萬，而歐人僅百五十。出口之貨年值二十萬磅，以十噸以上之船運載於西方諸地，約七十船，往來可一千七百噸。

荷人所領婆羅洲中，所謂南方與東方駐劄分所，包括馬登陸地，沿於南濱。至於東濱，北緯零度五十分，所謂馬辰駐劄分所屋宇，係在他他(Tatas)島上，由班查(Banjar)入口十五公里，在北緯三度三十四分十秒，東經百四十四度三十分，全部面積五千八百八十方公里，人民十五萬，多係回教徒，而駐劄所人民不過三萬。又一副所在馬他善拉(Martapura)，係舊酋所居，人民十五、六萬。阿連諸奴生(Orange Nossan)有一煤礦，在東濱上，每年可出三、四萬噸。庫地(Kntei)之酋與荷人約，售於荷海軍，每噸一鎊。他他島人民不過三萬五千，那假那(Nagara)人民一萬，有製軍械火器之廠。土產胡椒、鑽石，金屑、燒窩、血竭、樟腦、安息香、蠟、鐵，年値二、三十萬磅。入口火藥、碎貨、鴉片、刀、米、鹽，糖、中國磁器、絲織、珊瑚，珍珠，年値十二、三萬磅。十噸以上之船，每年出入約三十餘船，噸數三萬。

荷人始至坤甸也，係在一五九八年，與土人交易金鑽胡椒。至一七八五年始得馬辰沁尺寸地，與土酋盟約。由是漸展而入，奪其主權，自西至南以及東，設駐劄分所以制之；再分山巴與莽拉圖，及山谷上部之卡布斯諸部，仍以虛名酋長治之。中國人居於莽拉圖，原在荷人之先一兩百年，咸工作於礦，頗有致富而長子孫者。連打之地金剛鑽亦富，中國人多居之。荷人遂於卡布斯河上節新汀(Sinting)之地，復鎮以駐劄分所，以制內地台耶克種人。更遠至鶩莽地(Amowtai)，中有許多印度古教遺跡。柯地山谷距沉嘉郎(Tengarong)河上約五十公里，有一馬來之酋，荷人則設駐劄分所於東濱上鎮之。其南巴璽(Pasir)別有一酋，與其所屬馬來操權者數人治之。沉嘉郎河之下節，在三馬林達(Samarinde)處有一礮台，由菩枝(Bugis)首領管理。巴力圖以上與馬辰及柯地之居民，面目尚清晰，而台耶克部落迤西，皆有黥刺。一八五九年島之南濱與東濱之民，合羣與荷人齟齬開戰，荷人始設馬辰政府，增駐劄所之力，而島人之亂未已。一八七一年島人戕殺駐劄所歐人甚衆，未幾平。總計荷人所領諸部人民約八、九十萬，中國不下十萬，而歐人不過四、五百云。

島之西北，文萊之西，馬利山脊之南，曰沙朥越，原係文萊所轄。因台耶克種人作亂，酋令其叔哈新(Muda Hassin)討之，久未能克。有蒲洛克者，英人也。生於一八〇三年四月，少充東印度軍隊，英與緬甸之戰，受重傷而歸。既愈，自置一快艇，以己名名之，舵工二十人。游蕩地中海三年，不知其所爲何事。一八三八年始由倫敦開帆而東，十月至沙朥越。哈新備以爲將，以抗亂黨，累戰皆捷。一八四一年功成，酋以爲總督，以資坐鎮。蒲辭焉，乃加封之爲毋拉查（Bajan）。毋拉查本印度部落王子之爵，亦一酋長也，蒲既得地，遂設政府，編造新律，欲革獵人頭嗜殺之風，並剿滅海盜。風行雷厲，科罪森嚴，而人民弗悅，亂事復熾，彼仆此起，並滋騷擾。蒲悔非計，遂自習馬來語言，循人民之意，通上下之情，開自由貿易之法，聽民自奉回教，不以耶教逼之。設三公廨，曰政治公署，曰總署，曰土人教門署。政治公署管理行政，持平賦稅，以惠民生。總署管理地方刑事。是處無律師，結案頗難，惟以證據考核而判之。以土著之頭人爲助，選僑寓歐人知法律者通其意，平意定讞。教門署理土人親屬及昏配或離異。又設公會，令諸邑舉代表，其數約五、六十人，三年一更代，要事則委以討論。如改換法律，移革風俗等項。諸邑亦有公會，以歐人所委之官員及駐劄所人員爲首，並士著之頭人及中國人曾充書吏者，會議本地之事。蓋以柔軟霸術，以撫其民也。武備則選土人狀貌端正，體格強壯者二百人，朝夕練習，稱游擊隊．皆著白色短衫袴，背垂黑辮，荷火槍。外站諸礮台，有用古式之槍，以歐人兵官十四員率之。台耶克諸種人竟感其化，改嗜殺與海盜行爲，自集壯丁二千五百人爲勇士，而免其丁口稅，備政府徵調以衞國，而不知其受制於英人也。礮台建於亞士登那（Astana），並毋拉查所在之古平（Kuching），遞及軍營、醫院、監獄俱備。海軍則一礮船、一螺旋舵汽船，載重二百五十噸，兩平底江行之汽艇而已。既而英之下議院以蒲所取諸稅太重，劾之，英派使至其地行查，莫能證其實。惟以旅客到境所收人頭稅，近於苛政。蒲言此款係備邀結印度中英艦隊，來此協力護衞，以犒其勞；非然者，此間海盜淵藪，所置不過區區數船，奚足敷用，事乃解。後歸英，女主以其赤手得地爲英屬，授以奈得統領（Knight Commandes），勇號也，使治拉旁（Labnan）島，年俸二千磅。

拉旁之地弗及於沙拉華克，蒲辭焉，仍回沙勝越。昔英人設東方公司於印度，專賣鴉片，爲聚斂之計。蒲亦以專賣之法行之，稅甚重。中國人之居是地也，數至四、五萬，開煤於礦，淘金於河，皆能自立，而鴉片乃其嗜好，結黨偷漏，蒲辦之嚴，中國人遂怨之。一八五七年聚衆夜攻毋拉府第而毁之，蒲亡出走，泅越一小溪而免。中國人以其死可以得志，聲言奉中國正朔，行中國法制，大拂台耶克之志。蒲復出收合餘燼，反攻中國人。中國人軍械無多，烏合之衆又非知兵，且無後援，披靡敗北，落荒而走，被圍叢莽之間，餓斃者數千。悲哉。一八六八年蒲卒，無子，以侄嗣而繼其位。

沙勝越之北，在北緯一度至二度東經百〇九度四十分至百十一度四十分，面積二萬五千方公里，人民二十四、五萬。其北有崕林屏衆山，圍至西南，峯高者三千尺。沙勝越之河可以通運，航行之口，曰碧打特圖(Bight of Datu)，在北緯一度四十二分三十秒，東經百十一度二十分三十秒。其東又有一河曰沙賓拉屏(Samerabar)，在東經百十一度三分，相距約七公里。千噸之船可達其都，卽古晉，亦稱沙勝越，有數街道，旁列以樹，建一英教堂，並土著數學堂。所產礦物有銻，似鉛而堅，似鐵而色潔白，得之甚易。且多銅，金亦有之，鐵苗產於閫遊(Lundu)。樹木甚蕃，鐵木、烏木、蘇木、檀木、高與樟樹齊，運之亦易。英造船之材料，恆取於此。天氣不甚正，九月至三月多雨，華氏表恆在八十三度。台耶克種人收採燕窩、沙賓粉等，運至新加坡交易，年值三十萬鎊。入口則布帛、菸葉、鴉片、椰子油、米、所值足相抵。銻與鴉片皆政府所專賣，並人頭稅是爲徵收之最。

島之東北角有一小島曰納閩，距文萊河口三十公里，長十公里，闊五公里，在北緯五度二十二分，東經十五度十分。中藏煤礦，質美而富，煤層十一尺。一八四六年英與文萊酋長購之。其上樹林蓊蔚，而文萊港亦美。一八六二年英資本家合設公司以開採，每年出口約值二十萬磅。島上人民六千，有教堂一，由是伸展，又占島之東北角一大部位，爲英屬地。是地當明初乃蘇祿種人所據，明史所謂東王，卽此部之酋也。息力之山與湖俱在其中，面積二萬方公里，人民七萬。向東一山卽名蘇祿，岡巒層疊，突出至海，曰狎省角(C. Unsang)，與西蘇祿相望，祇隔一海峽。角之南一灣曰更(Giang)，中有小島甚多。是地之東北又有三灣，曰山打根（Sandakan)，曰拉菩(Labuk)，曰被登(Paitan)。其北亦有一灣，曰馬盧除(Malondu)。灣外一略大之島曰班技，與呂宋所屬巴拉灣島之南巴剌巴小島，南北相望。隔一海峽，其西與文萊相界，在於慶孟尼角(C. Kimonis)，其南與荷蘭所屬相界者，則有西布苦河（Sebuku R）。一八七七年英公司出資，請文萊與蘇祿兩酋割讓，價亦不昂。由英政府批准，許其爲有限公司，並委公司管理，以商務總會爲政　蘇祿種人尚有餘地在其南，似非荷蘭所屬。

島之東距西布苦口河之南，有小島曰打那買拉(Tanahmeran)。再南曰他利肯(Tarakan)，又南距於西加河(Segan R)之東，有三小島曰邦陽(Pandyang)，曰馬拉他(Maratua)，曰加班(Kakaban)。更南至慶軟會角(C. Kaniacgan)，島遂斜峭，轉向西南。其間與西里伯相距者，卽馬加撒海峽。至島東南盡處，有略大之島曰閭得(Lantl)，其東有一小島，亦名西布苦島。自是由南而向西，有山及巴閭角(C. Sungibalu)，善汀角 C. Puting)，至山巴角(C. Sambar)，而島西孟塗河口有略大之島曰媚陽(Maiyang)，其西一小島曰班南班會(Pauumbangan)。西南又有衆小島，曰加力馬他(Carimata)。略大者一，亦同名，其餘各向零星小島，有名無名者頗多，不能悉載。閭得與島相隔一窄海峽，而閭得島上小山樹林甚密，馬來人居之。加力馬他島距離婆羅洲五十公里，長十公里，高二千尺，荒無人居。馬來人常游之，取海邊玳瑁，崖上燕窩。沙膀越西北，一尖突出，曰打圖角(C. Datu)，其外相距百五十公里，有一馬曰大那抽那(Great Natuna)，旁有數小島圍之，長十二公里，高三千尺，足爲航行標準，樹林甚密，馬來人居之。產鹿、鼠、野豬、獼猿、松鼠，家畜有水牛、黃牛、山羊。此島之南有那抽那叢小島，與西向海中之壇伯連(Tambelan)羣小島，皆屬林曾(Lingen)部落所治，過此則歸荷人保護。離婆羅洲東北盡處略遠有南島曰保連邦曾(Balambangan)，長十五公里，曰保爾枝(Balguey)，長二十公里。一七六二年保連邦曾割讓與英，一七七五年試爲設立，一八〇三年再行振整，皆不能興旺，不足值也。

島西南盡處山巴角與一略大之島，曰勿里洞(Billiton)，相隔遙遠，其間曰加力馬拉水道(Carimara Cnanhel)。勿里洞之西一小島曰孟登紐(Mendanan)此小島之西曰加士班海峽(Gaspan Strait)，此海峽之西即蘇門答臘，是中國海西往爪哇門戶。

婆羅洲全島樹木極盛，栟櫚之類多至二十餘種，夾竹桃之樹高至二十餘尺，鳳尾草與蘭蕙不一其種，且非常之大。有所謂扇打盧如(Vanda lowii)者，高盈丈，花瓣有深紅色之點，英人重之，折枝植於盆，每株值數鎊。又有所謂甲他牌叱(Cattapercha)者，樹高大，其幹之徑或至三尺，木心多孔如海棉，葉色上綠下黃，花叢生而小，六瓣有蒂，結果如梨，汁如牛乳而膠黏，外壳甚堅，可爲酒杯。尚有莫荷(Mohor)，高至八十尺，土人伐以爲艇或槎。加拉登(Kaladang)高二百尺，可爲大桅。餘則烏木、檀木、鐵木、楢木、丁香、肉桂、胡椒、檳榔、血竭、達及安息香、沙貢粉、枝膠、樹脂、菜油、樟腦、菸葉、咖啡、蠟藤、薑、米、黍、靛、棉、蔗、薯、芋、香焦、椰子、芒果、波羅密、佛手等，出口年植四、五百萬鎊。獸則猿類最繁，猩猩、狒狒外有一種鼻長數寸，與人同色，有所謂阿連狎登(Oran-utan)，面如老人，頷有長髯，前臂具而後踁短。次則高利拉(Gorilla)，頭低項高，面短目深，耳小準隆，口闊牙齒長，皆大如人而無尾。或云東北有象，西北有犀，然不常見，弗敢信也。惟熊、虎、野豬、野牛、並鹿類，大小不一。家畜牛、羊、貓、狗俱有。禽之大者鷹隼、禿鶖，美者則孔雀、錦雞，而鸚鵡、鴿、鳩、鷓鴣之類亦繁。湖河之中，鱷魚羣集，溼地則蛇、蛙、蜥蜴、水蛭，海濱則鼉、鼈、龜、珠蚌、蠔蠣、海參、螺、蛤。蟲則蝴蝶、飛蛾，色美不亞於呂宋，亦有蠶，不甚旺。礦有金剛鑽、煤，以外有磁土、石油、水晶、寶石。

論曰：浦洛克僅以一艇船遠涉至婆羅洲，助其酋勦亂，獲得沙撈越。一隅采地，較之麥哲倫冒昧所事，欲取宿務，竟致殺身，其工拙不可同日語矣。然浦雖有功於其地，不屬於文萊，轉屬於英吉利，與竊地者，又何以異。英誌咸頌其功，以爲航海家所傑出，是一孔之見，祇知有己耳。尤可怪者，中國人散居羣島間不下數十萬，徐魏誌中雖言間有崛起而得地者，然弗與祖國通音問。迄今存亡，竟不可考，奚足以徵其實，似乎不過一時暴動。如婆羅洲所鬧鴉片之事，誘其人聚而殲族，較之麥哲倫尤爲無識。英人占地之巧，須全恃於兵，亦在於商，合力以設公司，故能以一東方公司，制治五印度，而此則又以擠承公司，購得蘇祿大部。二十萬方公里之地，並保連邦會之島，縱未能十分興旺，而隸作英屬，是亦其國之光。吾國人旅居諸島者，實繁有徒，至有積貲數百萬或踰千萬者，未聞有能合力設立大公司以益國家者。遑謂其能購大片地段，以增我尺寸之版圖哉。可歎也夫。

第三章　蘇門答臘

蘇門答臘一島在婆羅洲之西，其大雖遜於婆羅洲，可次爲馬來羣島之第二，較之英國三島之地，猶多一半有奇。狀若殘缺蕉葉，由西北斜袤東南，自北緯五度四十分至南緯五度五十分，東經九十五度二十分至百零六度。長一千零二十五公里，闊六十至二百四十公里，幅員面積十六萬八千方公里。人民三、四百萬，若包括其鄰近諸島人民之數，當不下五百萬，而隸於荷蘭約三分之二。其東北與嗎來半島相距者爲馬六甲海峽(Malacca Strait 與麻鹿加音略同而地位異)，乃印度洋入中國海門戶。其東南盡處與爪哇相距者，爲巽他海峽 (Sunda Str)，乃中國海出東印度洋門戶。島上山脈綿亙，起於西北亞齊，一脊斜下，至東南巽他海峽。山最高者曰阿栗山 (Mount Ophir)，當赤道處，高一萬三千餘尺亞旁亞旁山(Abang Adang)七千三百尺，房庫山(Bonko)五千四百尺。近亞齊處有耶描拉山(Yamura)四千尺。附近又有陸時山(Luse)一萬二千尺，當北緯四度二十分。全島有活動火山五座，而最高之他盧火山(Talang)即在他盧高原，一萬另二十五尺。近巽他海峽處有登那哈喇山(Tanahala)，七千四百十四尺，又有連房山(Lampong)，六千五百六十二尺，天然畫開島勢，東寬而西窄。

，河流衆多，其著者曰蒂連保灣(Tielang Bawang)，曰牡氏 (Miusi) 或謂之巴鄰旁 (Palembang)，曰遲卑(Diambi)，曰引杜拉及利(Indrogiri)，曰悬克(Siak)，皆在東；曰新客爾(Singkel)，曰他蒲存 (Tabujang)，曰引杜拉菩拉(Indropura)，曰莫可莫可(Moko. Moko)，曰邦庫連(Bencoolen)，曰巴登矍的及(Padang-gutijie)，皆在西，悬克河最佳，起於巴東 (Padang) 之北向斜坡，流至東濱馬六甲海峽，與班加力士(Bankalis) 相對處，成一窄水道。港門寬一公里四分之三，大船進沙岸，安穩穿入八十公里，小艇則更能遠上七十公里。巴鄰旁河即牡氏也，遠由二百二十公里大山來源之水，迂折盤繞而下，至較低地位，成爲汚積平原。雨季則泛濫成窪，大船可達五十公里，至巴鄰旁邑，小船可由衆支流而達更遠之處。北濱之河，曰粹拉(Bila)，曰邦尼(Panei)，其港口在北緯二度三十五分。

略南又有毋路肯(Rakan)，其來源與是克相近。是克與牡氏之間又有三河，曰慶巴(Kampar)，曰引杜拉及利，曰占碑(Jambi)，衆河流下之水漲爲汚豬平原，除小艇外不能航行。新客爾河口在北緯二度十分，小船可航入稍遠之處。

湖泊亦衆，最大者曰新加拉(Singkarak)。或作山馬灣(Samwang)，在巴東上節(Vpper Padang)，長十七公里，闊六公里，高出於海上一千一百六十七尺。納恩必林(Ombilin)上流之水向東流入引林拉及利河，而滙於海。較小者在西北新格連(Singlang)山麓，或謂之十壘湖(Lake of Jen Forts)，略南有兩湖在柯林柴(Korincha)，約近南緯二度。英植物學家鑑牌爾(Charles Campbell：於一八〇〇年至其地考察云，其大約長十二至十五公里，闊七公里，收納較小之湖水，並他處溪河之水。雖近占碑河，似無出路，其地周圍種植甚善，而椰子樹則不甚高大。當南緯五度處，有連茹(Rann)湖，長十六公里，闊八公里，周圍衆山岌峨巑巗，由西濱十公里兩三小山湖並極近巴鄰旁之河水，來滙於巴他克(Batak)之地。亞齊亦有一湖，係地勢低下受納溪河之水成溼澤焉。

島之東濱平坦多沙灘與溼澤，蕩漾於波浪之間，諸河之畔，平原之上，天氣不酷熱。華氏表日中常八十二度至八十五度，有時或至九十餘度，日出時不過七十度上下。一年風雨占大半，十月至十二月之雨盛於正月至六月。而時令風向多不定，且大雷雨尤爲恆事。霧氣濃溷，近海濱處常見蜃樓海市。

島上以馬來人爲最，巴朋人與黑人亦有之。又有謂之摩斯(Moors)者，亦回教徒之別種也。其遠祖原出於歐亞之交之小亞細亞，昔時常騷擾地中海沿岸歐非兩洲之地，且占據西班牙之南一大部份，不知何時流入是島，想必隨回教徒同來，而其數尚不多。馬來人在是處分爲十一族，以土腔分別其言語。別有四種則居於鄰近諸小島，建屋甚佳，勤於耕稼。其居於孟能加博(Munang Kabo)山邑至巴東之北一帶者，乃初時占居是島者所遺之苗裔。頗有知識，尤善種植。英人毋拉符勒(Stanford Raffler)曾入其境。云村鎮無數，畦畛攸分，以栟櫚果樹圍遶之。人烟稠密，樹藝繁富，緊守教規，所說亦純淨馬來之語，誠屬當時入島開山之嫡祖。惟此島舊主人巴朋傑種人之中，又分一脈曰程亞，因齊節之被逼，聚居於西北一隅，故以其地之名名之。然亞齊亦歸化回教久矣。從前全島皆其所治，自西人至後，疆界日促，惟自主之酋猶在，生性殘忍嗜殺，尤切齒深恨基督教徒侵占其土地，謀奪其生計，故有疑其能食人者也。其工藝織造細絲並金銀線，亦有可觀。其酋係世襲，輔治者多文職，俱有特別職銜名號，並所屬之官吏。武備則儘人爲兵，每郵俱有一小軍隊，臨陣自行供給充役。軍械則盆鐔刀劍弓箭，及古式來福槍。當從前勢力未弱時，常作海盜行爲，往山打諸島(Sunda Islands)擄人販奴，其鋒弗亞於蘇祿。自被歐人攻擊，喪地大半，然臨陣所擒俘擄，莫不欲生啖其肉，食人之譯號因之而著，實則不至於是。今其數不過三、四十萬人也。又有一種曰巴他克，在巴鄰邦內地題拉仁庫尼他(Jesra Incognita)高地上，自畫境界，以樹木圍之，不許外人闌入其地。巴他克有居於亞齊與孟能加博之間者，頗有教育，創有一種不全文字，自行拼成粗率之文，書於栟櫚葉或竹片上。亦知鎔鐵鑄鐵，灌溉禾稼，並種棉染之織之以爲衣。馬來人和平忍耐，節儉勤勞，每食多品皆菜蔬，客來則殺雞羊以爲敬，逢令節，尤豐饌，但不備飯。見之者以其外貌溫良質樸，而不知狡詐欺騙，隱藏於中也。好辯論，嗜飲博鴉片，則與亞程同。性不潔，衣服汚濁，而不洗滌。又有多妻多夫之習俗，雖至親眷屬，亦可婚配。其屋以鐵木爲椿，一屋脊之下，可居數脊屬。生活在於漁獵耕稼，鮮偷盜殺人之事。愼重農工，精熟航路，雖被荷人統治，猶順從其酋，謹守法律，尊重其回教禮節。祈福則以彝，諸女奏樂於下，賽會陳設於禱祀之堂，亦常賭博勝負，以矜豪舉。蓋其饜足粟米魚菜之外，無他念也。

當十三世紀時，意國人馬哥孛羅(Marco Polo)從元太祖囘軍，來至中國，歸舟曾經是島之南。一五〇六年他理助(Alvero Talezo)，一五〇九年錫谿拉(Siquera)先後至，皆於遊記盛述之，歐人始知其地。嗣而葡萄牙人來與土人通貿易，漸加以傳教。九十年後荷蘭人項孟(Honman)欲欺詐其人，圖占其地，被殺於亞齊。一六〇一年荷遣使者毋雷(De Roi)，將軍碧谿(Laurens Bikker)駕兩船至，其酋欣然接待，得貨滿載，偕亞齊兩使而歸。既而軍艦至，驅逐葡人，自僕盧(Pulu Tjinko)至巴東所設之行棧，而自占其地。一六六六年荷得勢力，遂展布設立於西濱、一七九五年巴東爲英人所占，後則並以菩庫闆給與荷人。未幾荷人又占島南十七分部，以爲屬地。其間經歷種種亂事戰爭，互相抵拒，荷人乃克管轄之。蠻觸相爭，伏屍百萬，惜無史乘以紀其詳。一八八三年恰拉加朶(Krokatoa)島火山暴發，海浪漫溢於島之南，並及爪哇之東，島之南濱，被毀之地甚廣。今此火山口猶在巽他海峽。

荷人既占島中央大部分之地，包括南方全部，遠至古碑谷，並沿西濱廣闊之處，遠至新客爾，約在北緯二度中，若古碑、引杜拉及利、鑾陴(Kampur)是克、亞沙衡(Asahan)巴塗巴塗(Batu-Batu)，瑟壇(Serdung)，地來(Deli)。冷加(Lankat)，毋菈(Riah)，皆馬來部落自主之地，荷人悉收其大權，撫有人民二、三百萬，而所用歐人僅及二千。首邑與要埠，曰巴鄰旁，曰菩庫闆，曰巴東，設副督員居於巴東。分六州，每州一駐劄所，一行政官。一即巴東，在西濱上，由赤道展至南緯三度，闊十五至五十公里不等，係屬是島要地。副督領駐劄所，管理西濱之事，並有一商場，數歐人鉅商，而亞剌伯與中國人之遺裔，叅雜其間甚多。數街道罩以樹，邑之中央一草地大而美，一邊爲政府之屋，一邊有一教堂及華麗之會場與私人之屋。邑外周圍平坦，稻田伸展，中有數條道路，皆列以樹，引入內地。距海濱十公里有諸小山，是爲巴東高原，其高二、三千尺。是處空氣較佳，宜種咖啡，今成巴東出口大宗，年約萬噸以上。二曰巴登司菩凡連登(Badangse Bovenlemden)，亦謂之巴東東高原，乃名山之內地，長百六十公里，闊三十五公里。三曰他烹紐利(Tapanuly)，伸展於海濱，北至新客爾河，包括新占巴他部落之地。四曰邦庫連，乃南方一窄狹長方之地，至於島之東南尖，長三百五十公里，闊三十八公里與五公里不等，係在西南海濱，約在南緯五度中，久爲英人占領。一八二五年割讓與荷，以換馬來半島。南向馬六甲之地，因此小邑無關緊要，雖有出口停泊處，而鄰境皆無出產。五曰連房，占於島之南方盡處，成一不等邊三角形，長約百二十公里。六曰巴鄰旁，在島之東濱，居島南方大部分之地，成不等邊四方形，長闊皆二百公里。本係土人大邑，在牡氏河上，距海口五十公里，大船可入，土人大多數物產聚焉。用竹排載之浮泛河上，潮之漲落恆十六尺。邑中之人有馬來人，爪哇人，中國人。中國人多係油漆匠，配造木箱，供馬來貯貨。土產則檳榔子、檳榔葉、菩提子爲最。除荷蘭駐劄所之官與兵外，並無歐洲人。

巴他餘地在北緯一度二十分衆山之東，有荷蘭著作家毋亦禮(Mr Willer)曾遊之，記云：由竿囊塗亞(Gunong Tuak)而下，見一平原，遠望無際，全無活動生物。蓬蒿荊蓁中，樹木稀少，相距一公里以外，覺如沙漠。偶有矮樹零落亂生溪澗之旁，成一泥澤。常有水患，濁霧迷離，日光無色，使人如入夢中。巴登陸華(Padang-Luwas)之西亦係廣大平原，童童赤袒，都無邱壑。土質甚鬆，至少深至六寸，而下層又係白土灰土沙石，故不能生長草木。天氣惡劣，華氏表午後由九十二度至九十七度，夜則六十三度至六十六度。一年中烈風暴雨居多數，風勢盛時，呼號叫嘯，數日不止，並刮地上沙土，紛飛如雨。鄰邑孟得林(Mandeling)，在瀉水之處，則情形迥異。樹木雖不甚茂，已勝於牌的拜(Pertibi)之乾燥。衆小邨種植地上，亦能發生牙蘖。其北與柯拉(Ankola)山谷，亦乾而空曠，惟一帶有巴連加的斯(Balang Gadis)，或謂之處女河。發源於島中衆山之間，由谷而下，漸舒漸寬，繞北而西。其衆山之顚，皆罩以樹木，係甚佳之材料。衆山低處亦然。糙點一釀酒之栟櫚場，水田種穀頗廣，衆小谷圍之，如圓戲台。從斜坡攀緣而上，眺望遼遠，俱見竹叢衆樹，掩映諸邨，而夕陽於椰子檳榔樹間，水牛山羊成羣以返，直畫景也。其人衣食既足，子女甚多，若有善宰治之，數年必能興旺。島之東濱，大汚瀦平原皆在海平上數尺，長六百公里，闊六十至百一十公里，面積四萬二千萬公里。有幾段河岸上，外潮不能衝到，罩以樹木，造成高粱廣闊地界，必然茂盛而無疑。

全島地質，有白斑紅石、雲母石、蛇紋石、火山石、花石、晶石、碧玉、灰石、沙石、夾雜結成，其中有礦。產金、銅、鐵、錫、硝、磺、煤、礬、煤油，金雖廣布而散處不定，鐵質甚佳，硫礦尤盛，煤油更豐。尙有琥珀、砒霜、珊瑚、石粉、磁土、三夾灰士等。樹木蔬穀略與呂宋、婆羅洲同，不過數之多寡或異耳。惟有所謂罩馬(Dammar)者，甚高大，其種子隨地自生，無有定處。葉厚如革且鉅，木質輕鬆不足貴，貴在其脂，軟而透明，數日則硬而白，其狀如晶。此脂自然流出，綴於枝間如冰柱，長至盈尺，經年味散，色變黃，亦不足貴。其幹恆有癭，以刀劙之，可得大塊，久藏亦軟，香味甚烈，乾則枯，香味亦失。若製爲油，緊密封貯，尙可耐久，似如迦楠香也。花卉中亦有謂之拉符勒沙(Rafslesia)者，最奇之植物也。所生無種，從他樹之根發出，如芝菌之類。初則半球腫脹，皮裂則現黃色全球，大如柚，外罩以皺疊之苞，經數日始開花，分五瓣，瓣厚而肥，上有皺紋斑點甚粗，中有一層之園如盂，藏衆鬚與心，旋繞於園內。最大之花徑至三尺，重十磅，園深九寸，可貯水兩加倫，花中發出屍臭之氣，不可向邇，招惹飛蠅，爭集其心，產卵生蛆，而花腐矣。是爲花品中之最大者，尋常者徑或二尺或十六寸。爪哇甚重此花，然其徑不過三寸，似即佛家所謂曇花也。若以此花與罼馬之脂合並，直薰蕕莫辨矣。無花果之樹則有數種。寄生樹之類亦繁。胡椒最盛，亞程一部每年所出可達八千噸。各部咖啡之數亦有五、六千噸。入口之値年約七十五萬磅，而出口則八十五萬磅。獸有雙角之犀，如虎之貓，獼猿中亦有面如老人而長鬚者。尤奇之獸曰「歆樸樸地末斯」(Hippopotamus)，大如牛無角，肥如豚而鼻短頭巨，耳目皆小，足有四爪，如象而不蹄，嘴闊，下牙尤長，食量甚大，結隊出水，能爲禾稼害。其面正如吾國古鼎所鑄之饕餮，古希臘則謂之爲河馬。其吼聲如洪鐘，印度人則謂之爲渧牢。身上之毛稀少，色暗棕，皮甚厚，背上脊邊有小孔，時出油質之汗。厄及波斯之人恆取其皮以爲盾，然則兕也，一物而互異其名也。本產波斯灣非洲之東海中，詎知竟能從海上負子越過印度洋入此島河中，與鱷魚爲伍哉。禽中之孔雀、山雞，其美則遜於呂宋。

島之東西兩濱，附屬大小島嶼甚多，其要者曰尼斯(Nias)，距島西南海濱七十公里，約在北緯一度，長八十公里，闊二十公里，有山有谷，高出海上八百尺。雖非火山，而有渣滓之石，似熄焰已久矣，尋常尚有嚴重地震。一八五七年始爲荷人所占，地土肥沃，人民十餘萬，與其南鄰諸小島，皆馬來種，明白曉事，差勝於蘇島之土著，惟語言有一種特別土腔。而樸質馴良，有古農民風，勤於灌溉耕作，種棉、稻、甘蔗，有黃牛、水牛、豬、狗、雞、鴨。諸村之屋圍以土牆，而厚其藩籬，又有一種尼斯本來之舊民，不入回教，自信其美惡由心也。

尼斯南北諸島由西北斜向東南，　纍纍然一字排列，計十餘座，皆與蘇島隔海相距，不過七十公里。在北者曰僕盧巴拜（Pulo Babi），又謂之西馬盧（Simalu），俗稱豬島（Hog Island）。長四十公里，闊三公里。島上人民雖亦信回教，而頑劣無知，語言適異。產椰子、水牛。其北有小島曰阿磨士（Gocos），其東有小島曰亞沙姑（Assago）。尼斯與豬島相距之間，謂之尼斯北海峽。此峽之東約近蘇島之新客爾河口，有一小島曰邦耶（Banyak），其東西各有一更小之島，亦同此名。

尼斯之南即尼斯南海峽，而峽之南有三小島：曰平島（Ping），距蘇島之西不遠。曰他那馬沙（Tana Massa），其旁有更小無名衆島礁石。曰他那保拉（Tana Palla），此與他那馬沙僅隔一海峽，總謂爲巴塗叢島（Batu Islands），或謂賓況（Steen）羣島。三島相接，偏斜向西，而其南曰西牌盧海峽（Si Biru Strait），峽之南，西牌盧島，亦謂之北保拉（N. Para）島，長六十公里，闊三十公里。中有一活動火山，罩以樹木。其民雖馬來人，似無教化，以樹皮樹葉爲衣，黥刺其體，首領率之，用弓箭爲軍器，以沙貢椰子食品，兌換鐵器、槍械。家畜亦不過豬、狗、雞、鴨。無虎、象、犀，有鹿、猿、野豬、松鼠。其南又有一島，謂之南保拉，長四十公里，闊十五公里。兩島南北相距之間，又有一島曰格格士（Kokos）。此三島遞接，謂之孟他突列島（Montawi Is.），當南緯一度至二度三十分，東經九十八度三十分至百度，可爲蘇島巴登要埠。北保拉之西，有一行礁石，爲港口外障。至格格士之北，又有一無名小島。格格士與南保拉相距之間，曰字僕盧孟海峽（Zeeflumen Str），南保拉之南，又有南北巴及（N. and Spageh），亦謂之那鎖（Nassan Is）雙島。

島之東亦有附屬大小之島十餘座，最大者曰那加（Banka），在蘇島斜峭東南，將繞轉東下處，當南緯二度二十分，東經百零六度，長百三十公里，闊二、三公里，人民六、七萬。此島由折遮護巴鄰旁那港口，與蘇島相隔，成一海峽，闊十至二十公里。島上衆山崛起，高至二、三千尺，山腰之下小村滿焉。到處樹木遮罩，地質多花石灰石，堆積窪地濁水中，產錫最富，金次之，是其財源所自。居民以馬來人爲最多，性粗獷，業種稻冶鐵捕魚。亦有爪哇人雜居其間，而中國人甚多，數約二萬，皆以淘錫爲業。錫產積水中，係荷政府所專賣，先給價傭中國礦夫，洗滌錫苗，限以應交之額數。其中包辦者狡猾欺騙，閩粵游手之徒，每人日給之貲不甚多，而取其所淘之錫，故去者多而歸之者鮮。婆羅洲之礦夫亦猶是也。往者歐美人革除販奴之後，美國欲闢舊金山至紐約之鐵路，以傭中國人爲工之價甚廉，遂有包辦者，變販奴之法，設豬仔公所於汕頭，誘各海口壯年間民，運載以往，不知凡幾。西人常謂是路之下，每一墊軌枕木，即埋瘞一中國人，其數可悟焉。其錫每年出口約四、五千噸，除用費外，應歸荷政府之淨利二十五萬磅。歐人居是島之數，不過二百。島上之熊甚大，麞鹿麝尤多，松鼠則異於他島。此島之東有一島曰勿里洞，即與婆羅洲東西相距於加力馬拉水道，闊百三十公里者也。勿里洞當南緯三度十三分，東經百零八度七分，面積二千二百九十八方公里，人民二、三萬。週圍多礁石，產木料與鐵頗豐，出口米、蠟、燕窩、海苔、玳瑁。其西有一小島曰孟登娜(Mend anan)，與邦加之一小島曰利巴(Separ)，東西對峙於加士班海峽，闊六十公里。島之東逼近馬來半島之路孟那尖(Romania pt)之南，有一島曰平登(Pirtang)，距新加坡東南四十公里，在北緯一度五分，東經百零四度二十九分，面積三百三十方公里。包括其附近諸小島，則約六百方公里，人民約一萬四、五千。其山高一千四百尺，民多業漁，種黑胡椒與稻。中有邑曰毋嫘(Rhio)，亦曰利均(Riow)，荷人主之。中國人常在此，製造火柴木料。島之南乃避風良港。再南又一略大之島曰林假(Linga)，在南緯零度二十分，東經百零四度四十分，距新加坡東南百公里，長四十公里，闊二十公里，人民皆馬來人。島上雙峯高聳三千七百五十五尺，俗稱驢耳山，罩以稠密高樹，木料甚佳。中國人亦居其間，以鋸木或種地爲業。產胡椒、沙貢、膠皮、蜂蜜。

平登之西有兩小島，曰保塡母(Bottom)，曰巴聯(Balang)，係與新加坡南北相對。巴聯之西南更有兩小島曰詩記(Segee)，平登之南亦有兩小島曰加拉(Gallat)。加拉與平登相距之間卽毋螺海峽。因平登之南一澳卽名毋螺，其邑係在澳上。平登之北乃新加坡海峽，係中國海南行西入馬六甲海峽門戶。而平登與保塡母相距之間，亦可繞至新加坡，係中國海南至爪哇航路。

林假島之南一島曰新克白(Sin Kep)，其西有無名小島二，北與林假相距之間，有無名小島一。林假之北有一島曰西班加(Sebangad)，與林假相距之間，曰打西海峽(Dassi Str.)。林假東北兩小島，一曰都密奴(Donino)，一則無名。西邦加之西北數小島曰的猛(Timian)，其正北又有數小島而無名。

平登與林假兩島南北對峙於馬六甲海峽東口，旣入馬六甲海峽中，其西緊近於蘇島東濱，有較大之島六，在南者曰沙房(Sabon)，其北有小島曰加力莽(Carrimon)，二者之東又有更小無名數島，與其東之詩記相距之間，曰低毋連海峽(Dmian Str)，六島之在北者，曰蒲巴(Bupat)，與英屬馬六甲，東西相對。其在中間者四島自相交互，遮護是克河口。北曰斑加力士，南曰巴澄(Padang)。此兩島之狀皆如元寶，自相勾擁甚巧。巴澄之南曰連兜(Bandow)，連兜之東曰邦尼兒(Paniare)，四者相距，各成曲窄海峽，其與蘇島東濱相距亦不甚闊，已詳於上。

論曰：西漢班定遠爲西域都護，遣甘英西行，訪大秦，未能到。後來旅行家所經之地，恆著游記。雖能紀其山川道里，強半參以附會之辭，無以徵實。南洋羣島隔於海外，游人未常至，偶有一、二記載之書，多出商家，自誇其交游豪舉。魏誌不知其謬，竟妄引之，不值一笑。馬哥不過羅馬一教士耳，竟隨元祖回軍，來我中國，官囊既飽，挾火器、羅經、蠶種，航海歸國，經歷蘇島之南一隅之地，著書立說，示西人東來航線。後之遊歷者踵至，皆能以遊記，啓其國人之雄心壯志，並成航海家之功匪鮮。蘇島在西，爪哇在南，俱爲中國海之外障，藩籬既撤，堂奧可虞。前清末季節節受侮，事急始練海軍，尚未及成，復掣之肘，安能不令人擊檝而長歎耶！然而往事已矣，深願後之來者有以策良圖而固吾圉也。

第四章　爪哇列島

爪哇列島一行若雁陣，橫列中國海之外，爲南方外障也。荷人占爲窟宅，吸取馬來羣島較大部份之膏脂，稱爲荷屬東印度(Du. tch EastIndias)。其要點則萃於爪哇本島，牽掣諸方，是島橫陳海上，若琴案，當南緯五度五十三分至八度五十分，東經百零五度十五分至百十四度四十分。東西長六百二十八公里，南北闊不等，由四十至百三十公里，面積五萬一千九百七十四方公里。人民約二千萬，其中歐人三千餘，中國人三、四十萬，亞剌伯人八萬餘，土人一千九百萬。東與蘇門答臘相隔，卽巽他海峽，係屬爪哇海南，乃印度洋東流之一枝，而強名之爲東印度洋，並謂此爲東印度列島，實則相距五印度之東天竺固甚遠也。西則與峇厘(Bali)島相隔於峇厘海峽。

是島南方濱岸高而峭，北方濱岸甚低，有數節泥澤。島上山水景物甚佳，山勢由東橫走向西，崗巒綿亙，其峯之高踰萬尺者八，九千尺者七，而七千至九千尺者亦八。火山之總數則四十六，不時活動者約二十左右。英有博士何斯菲爾德(Horsfield)曾游其地，據云：最奇者登齊山，在島之東大海灣上，山麓之基高且廣，仰望不見其巔。登其麓而望之，又相距甚遠。其峯尖各異其狀，或七千尺，或八千餘尺，火山口不在其巔，在其麓約一千尺處，周圍成不整圓式。旁有圓頂數峯，高低繞之，是爲地球上最活動火山口之一。大者徑四公里半，小者三公里半，童童不毛，而覆以沙。沙鬆，風吹則飛，煙焰隨之以發，土人謂爲海沙。蓋諸峯散處皆火山也。在中爲首者曰蒲喇磨(Brahma)，係印度教最先之菩薩，即喇吧也。釋迦不過分其一支爲佛教，尚在其後耳。海沙徧圍之，其旁又有兩峯，約高千餘尺，一曰華登曾(Watangan)，講堂也，一曰菩他克(Putak)，摩頂也。此必從前印度教流入是島時，其徒隨意命名，以神其教耳。如吾國到處名山，僧人占爲寺宇，視附近峯巒形似，各以釋氏名物而名也。蒲喇磨火山口在山凹平坡中，亦罩以沙，斜削而上，雖峻尚容步履。及頂，即大煙囱之濆，週圍約一公里，深約六百尺，內圍皆火山石與沙，層疊整齊，如有壘砌者，成紅黑色。俯窺其底，有一坳處，寬約二十碼，停滀綠色流質。由此流質中噴烟上升，立其頂，覺山勢震動，微有轟轟遠雷之聲，殆將崩裂傾墜，凜乎不可久留。其烟似蒸氣，帶硫磺味，挾灰沙勃發者也。山半山旁多有鎔化火山石渣，皆琉璃浮石之質，夾雜其間。意者往古必曾大噴發而爲災，今之所剩者只餘氣而已。贊衡博士(DrJunghun)游記云：爪哇火山噴發，尤爲常事。就見聞所及，一七七二年西南部巴邦地營(Papandayang)火山噴發，吐出金類之渣與灰，堆沒地上一層，厚五十尺，廣古地畝徑七公里，埋七村土人於下，數約三千。近巴邦地營北數公里，有嘉崙訌山(Mount Galungong)，一八二二年十月八日突然噴發，殊可異。是日晴天無雲，野獸成羣，嬉游於深林之內。山之斜坡、高地種植場毗連於平原，土人之車以水牛拉之而下，至茅屋偃息而臥。及日中，突聞地中雷聲暴發，舊火山之頂現出濃黑一團，越起越高，冲入空際，遮滿清淨之天空，頃刻變成昏夜。暗中又閃光如電四射，火漿熱泥炎炎雜沙石，墜落如雨雹。土人被轟而倒斃，掃蕩樹木廬屋，火山口又噴出百沸流泉，傾注山下，將人獸之屍裒作一堆，十二公里內悉被其災，而沙石且及四十公里以外之潭堆（Tando）河上。迨申刻天氣復清，陽光抹於荒墟之上，猶有蒸蒸之氣，入夜且有火星。不寧唯是，後四日復作第二次之噴發，暴戾甚於前，熱水熱泥傾盆亂吐，大塊火山石拋擲遠距七公里之外，加以強烈地震，山巔崩裂墜下，壓倒樹木，山谷變形，而河流因之亦改道。吳盧亞（Wulua）河奔流入海，漂浮人獸之屍及虎犀猿鹿無數。計毀百四十鄉死四千人。

土人云：列島中地震本屬常事，一六九九年一月保他華（Batavia）地方連震二百零八次，一帶屋宇皆形傾倒。加以保他華火山暴發，距城四十公里皆有其噴出之磊塊，充塞河上，成爲淫澤，盡殺河中鱗介。而大小傾折之樹木，則漂流河上，直達城下。淹死虎、犀、猩猩，水牛甚多，雖鱷亦不免。一八六九年早柯加他（Diokokarta）之邑猛烈地震，陷毀廬舍，喪害人民甚多。然島上除火山外，諸山皆有樹木，青蒼可愛，經年不凋，惟間有火山石、灰石、花石、雜色石，到處露出其燼後之痕跡焉。

島上諸河多在北濱，其狀皆小，僅可航行小艇。每年流急時，適宜灌溉，使其土地肥沃，以暢種植。最大有用之河，則曰素盧（Solo），因通過其士會之都而名。來源從島南一低級小山而發，程途屈曲歷三百五十公里，至東向匯於海。與馬都拉（Madura）相對處，八月至十月大船可航入，餘時祇宜小艇。第二大河曰蒲連他（Brantas）或曰素拉巴耶河（River of Sourabaya），亦發源於南濱省賓路（Semero）山之西向，繞越許多饒沃之地，分兩口入於海，一即素拉巴耶邑處，成爲港道。

島上諸山谷，爲水源所發之處，不計其數，使其內之平原，分爲六段。西段中係班唐（Bandong）大原，與薩拉加他（Surakarta）相並。其東略遠，則曰馬的庵（Madlyan），曰加得利（Kadiri），曰馬聯

(Malang)，位在亞朱那(Arjuna)與省買路大火山之間。諸平原皆界以巍峨衆山，其水恆足供灌溉，如歐洲阿爾卑斯(Alps)山供給意國郎巴地(Lambardy)平原者。沙馬連(Samarang)南之加途(Kadu)山谷，界以山打那(Snndara)衆山，其肥沃亦足相匹。

島中無湖，衆山中僅有一甚小者，而景極美，係火山基址所發熱泉，含有強盛炭酸氣味，姑洛蒲曾(Groboogans)則有鹹泉濁泥。

在査巴拉(Jabara)邑之南平坦灰石之地，圍以火山，亦經何斯菲爾德探訪云：是地諸井散布數公里，似皆島基灰石，供給鹹泉礦質，其數甚衆，從石縫溢出，騰沸於井口，含帶海鹽鹹味。若糞之，每年至少可得二、三百噸之額。灰石地之中央，一火山景象特奇，其近處常發一團烟氣，升起數秒鐘後，復不見，似係海浪強逼其中蒸氣而作者。時聞轟轟聲，有若遠雷，行近則見此烟停滯不久而復發，大如圓球，徑至十尺或二、三十尺不等，係黑泥和水，團以成泡，由下面之力所逼而上，突然爆開，亦有炸裂之聲，則黑泥濁水四向傾潑，如是者陸續不已。此泥散布平原周圍，約半公里，幾分似釉泥，含有鹽味，而硫磺氣甚刺鼻。近之且覺尙有幾分熱氣，雨季時爆發更多，其聲益大，竟可遠聞。

島中一著名毒谷曰魁華狎巴(Quwa Upas)，係已熄之火山，圍約半公里，鄰近居人不敢入。蓋生物倘入其中，觸其氣即倒斃，無可解救。其地上遮罩無數人獸屍骸，即鳥飛其上，亦被其所噴出之濃濁炭酸氣所殺。此種氣體積蓄孔中，成致死之湖，而自外則不可得見。別有一火山口，近於他拉假保打(Talaga Bodas)火山，皆硫磺所噓氣，所殺人與禽獸、蟲類之屍體積滿其中，皮膚肌肉毛髮爪甲皆存留，而骨則消滅無有，尤爲奇異。或言島之東他士程母(Taschen)火山口之旁亦有一毒谷，乃毒樹

(Upas Tree)衆多，嘘氣所聚，人獸經其下，鳥飛其上，皆可致死。然而非也。島上毒樹固有之，然無殺害人畜之作用，當另詳於後。蓋是谷窪下成池，長四分之一公里發出火山硫礦之毒烟，窪內之水流出，由河而注於海，亦殺魚鱉，是眞戾氣所鍾也。

島上天氣熱度平均，惟因地勢高下而或異耳。平原高原皆巍然出海上一千至九千尺，是以冷暖或致不均，然由十月至三月西北風穃吹，則多雨；四月至九月，東南風流行，則乾燥。週年晴雨各分其半。暴風雷雨尤烈，衆山之中，恆害生物。南北兩海濱十五公里以內多和風。保他華乃政府所在地，有測量臺，日日測驗者數年，每年冷暖，在華氏表僅差二十七度，每日常不過七十四度八十五度之間。全年鮮有落至七十度以下，升至九十度以上者。其地若高出二、三千尺之處，常低二十度，甚合於歐人體質。

島中人物雖皆馬來人，實有三種，以地別也。在西者曰山打種，在東者曰馬都拉種，在中央者則爲爪哇種。語言睦口微有不同，而人性則皆善，循良節儉，勤敏而篤實。雖在荷人壓制之下，仍服從其酋。酋乃荷人傀儡，徒擁虛器，縱嗜欲於酒色歡樂之中，任其民聽從荷人指揮工作，以徵大宗餉項。米、靛、咖啡皆由荷政府專賣，而咖啡一項全年可出六、七千噸。從前用販奴以課其耕種，今則革除此例，定勞工法律，強逼其民以苦力從事。荷人飽圖其母國之利益，民亦忍受其羈勒。舊時由旁諸谷多臺榭，布置整齊古雅；近則蕩削其旁之地，隨山泉流勢高下，節節堵截，欲盈欲涸皆可隨時啓閉，使其地無須糞料而可肥沃，種植自然茂盛。低地平原則廣開溝渠，俾由淵清泉沖刷污濁，水法既精，農工自善。是以民雖困於虐政，衣食尚可粗完。其工人製造頗巧，所鑄短劍謂之姑力色（Krisser），鋒芒淬鋼，犀利而美。柄與鞘皆雕刻象牙或佳品之木，或飾以珠寶。木工能造小艇，或鑿大木爲槎，雖雅緻而駛行不能速，祇宜小河中用。所織衣料亦佳，金線與美色交錯如錦，所染棉紗顏色精純光綵，久而不褪。其豪貴恆嗜獵，馬隊聯鑣而出，就馬背以短劍刺鹿，無或失。遇虎則圍之，以矛攻刺。有一種特別演劇：編木爲像，以影映於簾幕，演者在後，作數種聲音曲調，皆其歷史傳記之故事，殆如我國灤州之影戲也。富人之家常蓄樂工一隊，謂之更尼連(Ganelang)，十八或十二人，樂器有大小之鑼，聲沉重，並金片或竹片互擊。演者皆輕年子女，圍坐架邊，各奏一器，以相協律。一獨絃琴，謂之貝拉(Biola)，合演甚久，頗足悅耳。若酋長或王之子女成婚，則連演數日夜。若爲祈福，則奏樂以外加以跳舞。至賭博之風，則不減於他島。

爪哇言語甚古，所寫亞剌伯之字亦特異，且有印度古時梵字。各種記號於是分爲三種：曰古文，曰斯文，曰庸俗，各有學派爲黨。古文乃蒲喇銘(Branman)古教以梵語、印度語夾雜而成，而巴利與郎博克(Lombok)兩島之僧正爲之主。然皆斷爛死語，從古時梵文銘記而出。當其文教盛時，全用梵咒偈語及印度之小說，創爲詩律，以歌詠爪哇故事。時至今日，此道益微。縱有抱殘守闕者，亦不能挽回世運。斯文係出於禮節言辭，酋長之教勅並高級人員之章牘，官場文移皆用之。庸俗則不過尋常信札與普通布告，紀載尋常之事而已。若爪哇本原古教，喇吧或稱蒲喇銘，言係蒲喇麼之徒。其謂上古洪荒之世，開闢天地，創造文字，如龜如豬俱有神異。其神且多至百千萬億，皆荒遠無稽，未必果有其人其事。惟其梵咒有時或有效驗，不過巫術耳。似係老子西出流沙，所傳一支而變相耳。及釋迦出，竊其餘緒，加以修行，著爲禪理，轄目蒲喇銘爲婆羅門。究之佛經中所說，虛無飄緲，靈奇怪異，大半多從蒲喇銘而來。而禪理則係繙經者，竊莊列之說，爲之文飾耳。佛教盛時，不過行於東天竺、北天竺，而蒲喇銘則盛西中南三天竺。今兩教之遺跡尚有存其中者　佛教早已消滅，而蒲喇銘僅餘殘喘耳。當六、七世紀時，回教興，常勒兵侵入西天竺，似蒲喇銘被其逼遏，遂分一枝遁入爪哇，爲傳衣初祖。至一四七八年，回教亦復踵至，力逼馬來人服從。蒲喇銘至此欲作阿修羅逃入藕孔，以避兵塵，不可得矣。百餘年後，西國基督之教與摩哈麥德教爭衡殖民地，可謂螳螂捕蟬，不虞黃雀又在其後也。今約記廢寺遺跡數節，亦地志應有之事也。

寺之東濱馬查巴赫（Maiapahit）廢城，乃馬查巴赫酋長舊都也。行旅經其山旁，則見圍繞數公里之地所砌道路、牆垣、墳墓、浴堂、柵門等處，雕刻印度諸神及諸神女在頑石中者甚多，此外或立叢莽中，或嵌壞牆上。諸刻皆建以甎，雖經兵燹，加以風雨剝蝕損壞，驗其甎皆精堅，平面而尖角相配，無分毫之差。其黏處無須灰與三夾土，自然緊湊，小石不能插入，即鑲配花紋於其間，亦甚合度，可知其當年營造之精。

島之中央日惹（Ijgja-karta）與梭羅（Socra-Karta）兩部酋長之舊都中有一寺，曰羅路存姑連（Lorojougrons），中分二十院：大者六，小者四，高九十尺，皆堅石建成。到處雕刻浮花，並無數神像，所存者尚多。其鄰近程地氏華（Chandisewa）地方，存有許多極大精緻神像，皆環繞羣聚於一六百尺方圍之空地中。第一行六十四間，第二行七十六間，第三行又六十四間，第四行四十四間，第五行平行線，方式二十八間，統共二百七十六間，分爲五排，皆平整小院。中央一大殿，圍以巍峨階級，雕刻裝飾繁富。惟小院之中，木料多朽壞，祇剩幾許尚可支撐，土人之謂爲千佛殿。距離半公里，又有一廟，曰程地加利邦寧（Chandikali Bening），方七十二尺，高六十二尺，尚存無恙。遮庇雕刻印度荒遠神鬼甚多，超越於印度之所有，而附近處，並有零落破壞寺宇，空存雕刻神像無算。

蒲連班寧（Brambanam）之西約八十公里之器途（Kedu）邑中，有保路保圖（Borobodo）大寺，尤爲奇異：建於一圓錐形小山之上，完全建滿，中央聳起一圓屋頂，並七層露台，繞山層層壘疊，露出衆多棱角。其中門戶階級節節相通。圓屋頂之徑五十尺，周圍三重，環以七十二塔，全座營造方六百二十尺，高百尺，壇牆環繞四百尺，皆飾以數寸神像。壇之兩旁過路，皆堅石中雕飾浮花，簇擁諸像，扯算全座之牆若伸直排列，可達三公里，而所費鐫雕之事，非大工程不可。

三寶壠之西南四十公里，一山曰竿蠻蒲連(Gunong Pran)，譯言小船山也。一廣原上破壞之遺跡尤多。細按之，係四段階級相對向，每段之階級千餘層，中有四百院，雕刻裝飾精美而富。相距六十公里處，壞跡更豐，所刻之精美神像或見於頹垣，或偃臥溝洫，是皆昔時貴重建築所遺者。與其今時人民所居板屋茅牆，大有霄壤之別。而回教惡之，種種破壞，遂致文物雅藝，蕩然無存。

一五九五年荷人始覓見爪哇之地，一六一〇年欺其土著王子，占得隙地於保他華。未幾，即建砲台，謀久居之計。土酋不之甘，率衆來攻，莫能遂意。轉爲積漸蠶食，所占境界愈拓愈廣。一六七七年欲併吞加都拉（Jacatra）部落，用兵大戰，凡五次。每戰五年或十五年，互有勝負殺傷，猶不能已。其法蓋用所占一隅之地，募土人爲兵訓練之，濟以軍械軍火，使爲前驅。是以土人而攻土人，勝則得地，爲己國所屬，不勝而死者皆土人也，於己國奚損哉。豪奪巧取，至是爲極。一八三〇年始克制服全島。然其間舊部落諸酋僭稱則爲王子，皈印度教則稱佛拉查，皈回教則稱薩爾登，皆留其虛位，盡奪其實權。又次第收羅其所附列島，合之婆羅洲蘇門答臘等地，較荷人本國之幅員大踰十倍，即比於德國，亦逾三倍，撫有人民二千二百餘萬。各地出產金、鑽、珠、煤、胡椒、肉桂、咖啡、菸葉、樟腦、米、茶、靛、木料、香料，其商務次於英國，年約可得淨利二千五百餘萬鎊，以供本國之度支。並美其名曰荷屬東印度，以匹英之五印度也。往者荷與英各以艦隊爭衡於海上，常爲英所頭。後則師英長技，取貲於海外，拓土開疆，依爲外府，裕民富國。雖仗船礮之堅利，然非航海家戮力從事，曷以臻此？其大本營即萃於島之巴達維亞，名曰商埠，實以都會處之。設總督一，由本國所簡派，權侔於副王，督率海陸軍，宜布戰守之事，並管領各部落諸王子人民。就保他華設立政府，土人爲巡警與軍隊，軍隊三萬人，由歐人操練，分爲二十五小隊，管理東印度六股公會。在爪哇者則分爲二十一駐劄所，每所一駐劄官領之。其次係行政官，由舊時貴族之親屬子弟充之，其權可聯合教會，彈遏人民。屬於行政府者曰德沙(Dessa)，猶縣宰也，分治諸邑。德沙人民選舉代表充之，收取其地方或堡鎮內之賦稅。爪哇人謂行政官曰厄得赫巴地(Adnipatie)，曰班霽連(Pangeren)，曰湯莽敢(Tommonggung)，有贊美有諷刺有貶斥也。又用一歐人輔助行政官，指導商酌或修改管理辦法，是節節操縱皆墜荷人術中。其海軍則有汽船三十艘，巡緝所屬諸島。

巴達維亞在島北濱近西盡處之亞加都拉(Jaccatra)小河口兩岸上，當南緯五度七分三十六秒，東經百零六度四十八分七秒。港門安穩，亦自由商埠也。曩時河流兩岸汚濁有瘴氣，使人多病不爽。嗣用放水法辦理衛生清潔，築兩城於河上，一即巴達維亞，一則曰孟爾得符利登(Weltervreden)，分爲兩邑，相距兩公里，猶之內外城也。孟爾得符利登居歐人與上級官員，旅館、公會、博物院、戲園並華麗屋宇在焉。巴達維亞係貿易之場，多棧房店鋪，居人大半商家、航海家及中國人，並有一中國神廟，遞及馬來、爪哇、雜色之人，兩邑相接一直路，界以一水道。惟歐人所居城中，有廣闊街衢，旁植樹木，私宅皆圍以園，種果樹栟櫚及各種花卉，又有衆多小水道流泉，以滋潤卉木，得以長青。居民五十萬，中國人不下數萬，歐人僅及二千。有電線通新加坡，並商船通各埠，又有一鐵路通至內地萬隆(Bandeong)。距巴達維亞之南，不過三十五公里，高出海上一千尺，爲荷之駐劄所，並有一總督公所。天氣早晚涼爽，正午時華氏表正月七十八度九分，七月七十九度五分，故歐人多居之以避暑。有植物園一，種馬來各島之奇葩異卉，嘉樹香木，開花於空際，其味尤清爽。四圍層層景物如畫，拉沙克(Salak)火山，相距僅十公里，可望見於叢樹之間。

島之東濱盡處，泗水與馬都拉相對，係屬次要之地。在加得利河山，乃荷人所分爪哇全島三郡之一，有砲台曰加連馬士（Kalemaas），當南緯七度十二分三十一秒，東經北十二度四十四分七秒。有政府之公廨、鑄錢局，大棧房，爲島中最佳之港。衛以諸堡壘，其造船所中有鐵浮塢，能造最鉅重載之船。遞及鑄造大砲廠、海軍軍械所、一地方公堂、一軍法公堂、而上訴之高等公堂則在於巴達維亞，此郡乃從前馬查巴赫舊都。素拉巴耶河可航行入內地，運士產米，糖出口，居民繁盛，數約十五、六萬。

其第三郡曰三寶壠，在島中間部份之北濱沙馬連河口，距巴達維亞東南二百十公里，南緯六度五十七分，東經百十度廿七分，人民二十四、五萬，中國人甚多。港口不甚佳，溼澤毗連，空氣不爽，附近產咖啡、胡椒與米。荷之駐劄所有一行政官，一法律公堂。華氏表正月八十度二分，七月八十度四分。有鐵路與梭羅並日惹相連。

梭羅或謂之素盧，近島中央部位素盧河上，以戍兵五百衛之，並有砲台。此係爪哇最大之酋所都也。昔爲君主而稱帝，今則尚擁虛名於全島。所存尊奉其君之遺民，尚有百餘萬，而居城中者僅十萬故荷人以駐劄所鎮之。酋守禮法，自享奢侈榮華，不聞他事。

日惹乃舊爪哇第二之都，在島南濱。當其盛時，猶兩京焉。荷人設爲郡，卽沿其名，所治與梭羅同全郡人民約五十萬。

爪哇全島之房屋無單獨建築者，必羣居於村落。村之大小不等，每村必有一頭人董其事，由一教士或地主選舉委派，承邑長之命，代行政官收稅，並監理一村之政，勸農種植工作於公共田畝。

島中諸邑並都城商埠交通之處，築有公路，到處散布郵局，行人以馬代步，每點鐘可達十公里，亦有用轎者。鐵路除由巴達維亞至萬隆(Bandoeng)外，又由西曹亞曹(Sidjo-Ardjo)通至莫曹谿他(Modjokerta)，並由三寶壠通至日惹。三寶壠又有一路通至馬連(Malang)，是全島不難貫通矣。巴達維亞有汽船按期往歐洲並羣島諸埠，出口之糖年約二萬噸，咖啡七、八萬噸，靛四百噸，米八、九萬噸，菸葉四千噸，胡椒四、五千噸，茶三、四千噸，革二、三萬噸。

馬來羣島之植物，爪哇中無不有焉。最奇而著者爲毒樹，名嬰和跛佘(Eophorbiaeex)，高百尺，葉尖長，約與麵包果之樹相似，麵包樹之果，能與人養生，而此樹之果，能使人致死。其毒非在於噓氣而在於果，果有核，其肉亦含乳質，微有胡椒與薑辛辣氣味。馬來人取其汁，敷箭矢，著生物皮膚，毒發卽斃。急使嘔吐發汗，或可解救，西人甚畏之。其樹皮之絲可織以爲衣，則無毒也。蘇門答臘有所謂單馬樹之脂，爪哇中亦有而且多。每年出口千餘噸。櫟、桂、扁柏、銀杏與栟櫚相掩映，花則蘭蕙尤盛，而丁香、荼蘼、玫瑰、姊妹花、剪春羅、燕子花、蝴蝶花、鳳仙花、金銀花、蜀葵、雞冠皆茂盛。草則鳳尾草，且至成樹，罩於巖谷之旁，亦有致。龍舌草葉大如蕉葉，花莖高盈丈，綴花其上，如電竿。覆盆子、蛇床子、車前子、蒼耳子隨地亂生。苔則木耳，菰菌亦不少。獸無象、熊，而虎、豹、犀、豕、鹿、猿約與他羣同。野豬、豪豬、松鼠、鼬鼠、黃鼠狼之外，有一種臭獸曰邁登(Mydans)，居於亂山中出海高七千尺處，藏於樹木蓊蔚間，而其過處，身上發出臭氣，使人掩鼻欲嘔。禽類有四十餘種，孔雀、錦雞、竹雞、鷓鴣、喜鵲皆不足異，惟有所謂果子鳩(Eraitdove)

者，頭頸淡紅色，而背翅翎毛皆綠色。蝴蝶、甲蟲美麗光彩，不亞呂宋。

島之西濱與蘇門答臘相距處爲巽他海峽，其窄處所隔僅十四公里，而巽他之名包括蘇門答臘並爪哇列島也。惟爪哇西濱之南一小島曰巴尼登(Panidan)，峽之中央一小島曰故拉加他(Krakatoa)，其北濱巴達維亞灣之東一小島曰菩拉灣(Brawang)。再東仁都馬由光(Indramayu C)之外，有數小島曰旁則叢島(Boompjes)，更東查利光(Jalies)外有數小島，北者曰姑林莽爪哇(Crimonjava)，南曰姑林莽，東曰巴連(Paraug)，西曰庫莽殿(Komodian)，餘則無名。島之東濱與素拉巴耶相對處，即馬都拉島。

馬都拉島在印度洋之北，有另一同名之島屬英，此則屬於爪哇。當南緯七度，東經百十三度，面積一千三百三十三方公里，人民五十餘萬，其養生甚儉，內地尤繁盛。有海埠三：曰邦加(Bankalan)，曰山馬那(Sumauah)，曰班馬加省(Pamakasan)，與爪哇相距處，即馬都拉海峽。

爪哇海乃中國海餘波所及，猶之外庭也。起於南緯三度至八度，東經百零六度至百十九度。而在東者，又分福羅利海(Floras Sea)，婆羅洲在其北，蘇門答臘在其東。而在其南者曰爪哇，曰郎博克(Lomboc)，曰山巴華(Sumbawa)，曰福羅利，皆爪哇列島所屬。其間相隔處，俱有窄海峽與東印度洋相通。其東北係爲馬加撒海峽及西里伯，可經達中國海。然其西北欲往中國海，則須沿蘇門答臘東濱而行，若穿勿里洞之西，加士巴海峽(Gaspar Str)，其間無名小島頗多。惟沿旁婆羅洲之西，由加力拉水道而行，則較善。

爪哇海之東，由峇厘島而北，小島亦繁，有兩島，一曰班僧(Paujaug)，在南緯七度十八度，東經百零三度三十六分，南北長廿公里，闊四公里，與馬都拉之東一小島曰蘇碧利(Supili)者相對。一曰慶及連（Kaugelang），在班僧西，長二十五公里，闊八公里，旁有淺灘圍繞，二者之間又一小島無名，皆距巴利七十公里。此兩島之北曰加爾庫嬰（Kalkoen）衆小島。兩小島之東有三叢小島，曰南北中巴題奴士題（Pateruoster），其東又有許多小島，曰博士的郎（Postillon），過此卽入福羅華海。

馬都拉之北有數小島，曰巴毋嬰（Baweau）。巴母嬰之東北兩小島曰大小素郎蒲（Solombo）。素郎蒲之東一小島曰安能（Anenos）。安能之東曰麥他西利（Matta Siri），曰加他邦加（Kedapangar）小叢島，將與婆羅洲南濱閩得島相接矣。由巴題奴士題以北而上，有毋雞引雛（Hen & Chicken）衆小島。其東曰康巴（Coemba），曰沙拉（Saras）。母雞之北曰安士題登（Amsterdam），更北曰馬拉新（Mara-Sing）。母雞之東曰拉亞（Laar），曰唐耶（Touya），曰他那敍敍（Tanakeke），巳與西里伯相接，皆係相距於馬加撒海峽之南。

由爪哇海西向巽他出海峽南口，繞轉向東有兩島，曰低利（Deli），曰杜老弟（Trowers）；至爪哇南濱中部，有海灣曰邦能陽（Penandyong B.）；又有兩島曰坎邦曾（Kambaugan），曰泰拉他（Tyilatia）。將及東一小島曰紐沙巴蘭（Nusa Braung），再東卽峇厘島。與爪哇相距者卽峇厘海峽。

峇厘島亦稱小爪哇，長七十公里，闊三十五公里，在南緯八度四十二分五秒，東經百十六度三十三分，面積四千零三十九方公里，人民七、八十萬。有山脊由西向東。其恰銘那丁光（Culiminating）上有火山曰亞姑菴（Agoeng），高一萬一千三百二十六尺。又曰一火山曰敢楠巴題（Gunung Baber），高七千尺。一八一五年十一月二十二日噴發一次，多所毀壞。島中大河與湖所供清水特盛。出口貨爲米、棉、咖啡、菸葉、革、油、燕窩、棉布、棉紗，入口貨爲鴉片、檳榔、金、銀、象牙。巴利與郎博克合爲一駐劄所，而巴利中又分八區：巴唐（Badong）在南，爲首區，印度教尚操其權。必力林在北，加連亞山(Karang Assam)在東，卽峇厘海峽與爪哇相距極窄處，所隔僅三公里。一八四五年荷人始設巴唐埠，漸展成一大邑。邑中人民三萬餘，歐人無多，中國人爲商賈於其中者不少。

龍目乃爪哇列島之一，在南緯八度十二分至九度，東經百十五度四十分至百十六度四十分。西與峇厘相距者卽曰龍目海峽，東與山巴華相距者曰阿拉士海峽(Strait of Allass)，面積一千四百八十方公里。人民二十五萬，皆屬馬來回教徒，自稱阿拉士，而其主治者則係峇厘蒲拉銘兼管也。兩山沿於南北濱，有火山聳起一萬二千三百七十九尺。平原之水甚佳，皆種稻，小山則種咖啡與稷。首埠在西濱曰嬰邦南(Ampauom)龍目海峽與峇厘相距之間有一小島曰奴沙(Noosa)。

山巴華長百六十公里，闊二十至六十公里，面積五千三百六十二方公里，在南緯八與九度間，東經百十六度五十分至百十九度十分。其北一深澳，分爲兩部。進口處之西一火山曰湯博路(Tondoro)，高九千尺，有時噴發，亦成大害。土地肥沃，產米尤多，爲出口大宗。餘則蔴葉、蘇木、楢木並各種木料、硝、臘、燕窩、金屑、珠、硫磺，入口貨則鴉片、印度碎貨、歐洲製造品，皆由荷船運載。荷人建設在北濱，一澳曰平馬(Bimal)，一邑卽曰山巴華，距平馬西一百公里，在南緯八度三十分，東經北十七度三十分，爲駐劄所之首邑，並平馬舊會治之。火山之西有海灣曰沙利(Salee)，灣中多小島而無名。灣口一小島曰摩喟(Moio)。

福羅利譯言花木也，爲山爪哇至帝汶一行橫列諸島中而較大者也。當南緯八度與九度間，東經百二十度至百二十三度，東西長二百三十公里，闊三十五公里。上多小山，南有火山危峯。產棉貨甚佳，其檀香木運至中國最多，餘則蜂臘與馬。內地有巴朋黑人，沿濱之土人皆丁買利(Timuri)種，暗色捲髮，而皮膚黝黑者尙不多。由此島東至知茂拉聿羣島(Timor-Laut)，在東經百三十一度，皆馬來舊日屬地。荷人據其南，設商埠曰嬰圖(Endos)，葡萄牙占其北，設埠曰剌毋連圖加(Larautuca)，與新加坡通貿易。福羅利之西一小島曰孟齊利(Mangeral)，再西又一小島曰康母圖 (Gomodo)。此兩小島相距之間，卽孟齊利海峽。康母圖之西與山巴華相距者曰沙拜海峽。此峽之北又有兩無名小島，福羅利之北卽福羅利海。其中小島散布，詳於後。

福羅利之南一島曰山巴(Simba)，或謂之生打蕪(Sandwood)，在南緯十度·東經百十九度，長約百二十公里，闊六十公里，人民衆多，俗同爪哇。北一埠曰巴得威(Padeway)，爲荷人駐劄所，與福羅利南北相距之海峽甚闊，亦名孟齊利海峽。福羅利之南有小島曰蘇羅 (Solor)， 其他又有一差大之島曰亞登那拉(Adenara)，長三十公里，闊十五公里，在南緯八度四十七分，東經北二十三度。兩島與福羅利相距一窄峽，卽名蘇羅利海峽。兩島之東，一島曰郎伯連(Lamblens)，在南緯八度二十分，東經百二十三度四十分，南北長四十公里，闊十六公里。其東一海峽曰阿連 (Allor)。阿連之東一島曰邦他(Panter)，在南緯八度十分，東經百二十四度，南北長三十公里，闊三十公里。其東與恩婢(Ombay)相距之海峽中，有數小島皆無名。

恩婢在南緯八十度十五分，東經百二十四度，東西長五十公里，闊十五公里。其東卽恩婢海峽。峽之東一小島曰慶平(Kambing)，慶平東北一島曰毋厄題(Wetter)，長六十公里，闊三十公里。

毋厄題之東一小島曰隙璽 (Kisser)，周圍僅二十公里，人民七、八千，皆信耶教。毋厄題之東北一島曰母路廄([illegible]oma)，東西五十公里，周圍不過四十公里，旁有甚小之島無數。母路廄之東南兩小島曰莫亞(Moa)，在南緯八度十五分，東經百二十八度。其較大者長約二十公里。

帝汶在巽他列島之東，恩婢與毋厄題之南，大島也。由東北斜向西南，狀如竹葉，長三百四十公里，闊四十至六十公里，面積一萬一千二百十二方公里，在南緯十度二十分，東經百二十三度卅分至百二十七度。南北與澳洲相隔者即曰帝汶海島。島上山脈橫越，覆以樹木，人稠烟密。民多黑人，海濱則馬來人、荷人、葡人參雜居之。內地平原肥潤，所產植物多非羣島尋常所有。近海處雖濁而溼，尚可種植。最要出口貨，至中國者爲檀香、蜂蠟。至爪哇者，爲牛、馬、稷，至澳洲者爲沙貢。其由新加坡冏市之貨，則火藥、鐵器、米酒、棉布等英國製造品。土人食品以沙貢爲最，次則黍、稷、薯、芋。英船荷船恆至。而各地捕鯨之船亦多集焉。土人之船不多。礦產雖有金、銅、石、鹽，尚未開採。珠與魚多販於島之西南海中。荷人據有南部曰古邦(Coepang)，是爲自由埠。葡人占其西北濱，設埠曰的利(Dali)。兩地土著皆奉耶教。屬葡之人民七、八十萬，屬荷之人民八、九十萬，而內地大半皆奉印度之像教。帝汶西南盡處，一港即名古邦，荷埠在其上。口一島曰詩摩(Seman)，長二十公里，與帝汶僅隔一窄海峽，產檀木、燕窩、蠟。詩摩之南又一小島曰羅帝(Rolti)，上多山，產米、薯、稷、黍、棉、烏木。荷人設埠於東北盡處。相隔處曰連江(Rangong)村，並有安穩之港。其東北一小島曰郎途(Londoo)，與帝汶西南盡處相隔，曰母路地海峽，闊二十公里，母路地與山巴，相距遙遠之中間，有一島曰沙夫(Savoo)，屬於荷人。其西尖當南緯十度三十五分，東經百二十一度三十五分，南北長三十五公里，闊八公里，人民衆多，產稷、棉，出口檀木、燕窩、蠟。

毋厄翅之東，零星小島散處者多，若隙蠻，若母路摩，若莫亞已詳於上外，有所謂覊華地羣島(Serwotty Is)，其中略大者曰打銘(Damine)，南向數小島曰奶拉(Nera)，曰利何(Lehor)，餘無名。其東一小島曰台優(Tyounr)。台優東北一小島曰尼拉(Nila)。尼拉東北一小島曰塞路亞(Seroa)。覊華地羣島之南，莫亞之東，又一叢小島，在東者略小，曰栥馬他(Sermata)，餘皆無名。惟有伯巴

(Babba)者在東，當南緯七度五十分，東經百二十九度四十分，長十八公里，闊六公里，與知茂拉聿相距八十公里。

知茂拉聿當南緯七度十分至八度三十分，東經百三十一度四十分之間，狀如柳葉，由東北斜舒西南；長百二十五公里。上有衆山叢樹，遠距帝汶島二百五十公里。西濱有兩島，南曰塞姑拉(Sgrah)，北曰氏路(Seloe)，並有衆小島而無名。其北濱有四島，南曰拉辣(Larat)略大，西曰壓路(Moroe)，東曰和打得(Vodate)，北曰莫洛(Moelec)。其間又有衆小島而無名。知茂拉聿又名登寧買(Tenimer)。諸誌皆不能詳其內容，似獨立而無所屬者。

福羅利海之西，與爪哇海相接於博士的郎小叢島，由是而東，又有一羣小島。其中略大曰他那鄧皮(Tana-Danpea)，在南者曰加羅(Kalao)。加羅之東有馬林尼礁(Marianne Reef)，礁之東有加羅杜加(Kalaotoca)小島。島之南有馬都島(Madoe)。再南有班假羅兒礁(Ban-galore Reef)。他那鄧皮之北曰母路沙(Roessa)，再北曰沙拉耳(Salayer)，更北卽西里伯西股之南矣。沙拉耳之西曰巴詩(Pasi)。沙利耳之東曰虎島(Tiger)。虎島之南，礁石淺灘甚夥而無名，惟其南有加曹亞地(Kajoeaddi)小島。近福羅利島北濱之中間，一小島曰巴路夷(Palowe)。福羅利北濱之東，一小島曰波塗魁斯(Portuguese)，其北相距稍遠一淺礁曰嬰及力加(Angelien)。福羅利海之東北，近西里伯東股處曰夏及地島(Hagedis)。島北一叢淺礁，礁之北曰寶唐通路(Boeton Pass)。繞向東北海峽之東，一小島曰黃及黃及(Wangi-Wongi)。近黃及之西南，淺礁甚多而無名。黃及之東一小島曰麥收(Mathen)。黃及之東南一小島曰他肯庇氏(Takang-bassie)，其南爲礁淺叢，西南一小島曰綠林(Greenwood)，約與夏及地相近矣。叢礁之東一小島曰厄爾杭(Velhoen)，叢礁之南一小島曰平南柯(Pinanko)。此外尙有無名之淺礁甚多。

論曰：天地之愛人也，生山川以界民族，使其各處一方，至老死不相往來，永享昇平之福。昔栗陸、驪連、渾沌、赫胥、葛天、無懷皆稱爲氏，猶之蠻夷各部落是已。迨舟車出而兵革興，遂有強弱之分，吞併之局，三代時改部落爲封建。至周中葉，列國各自爲謀，不相協力。五霸七雄之後，秦獨崛起於西，席捲六國，盡握其土地，以爲郡縣。後之論勢者皆咎六國合從不固，自貽伊戚也。南洋羣島錯綜參差，限於巨浸，民智未開，種族非一。縱無外侮，亦時起內爭，故喇嘛教回教遞嬗流入，皆從爪哇一隅，爲發軔之地。而荷人窺其弊，亦接踵而來，積漸圖謀，已費三百年之力，乃克高枕而無憂。觀其施設雖密，勸工課商，驅他族之民如畜牛馬，俾己國坐享豐厚之利，爲計不已深乎。然而遠隔重洋，程途數萬里，而能聯若指臂，其間全在航海家指揮如意。不然雖有船砲之利，奚克竟收全功哉。爪哇列島諸部落，今雖時勢已非，而舊酋具在，較之六國破滅於秦，尚有間焉。吾不知其操心何若，豈眞如叔寶之無心肝，此間樂不復思蜀者歟。

第五章　西里伯

西里伯在呂宋羣島之南，摩鹿加諸島之西，其西爲婆羅洲，相隔於馬加撒海峽，其南卽福羅利海。在馬來羣島中，可稱爲第四大之島。其狀特奇，如人有四肢而無首，下兩股垂向南如腿，上一左股向東，而右股伸出甚長，亦自西繞轉向東，如山海經所紀，刑天氏執干戚而舞者也。位當北緯一度四十五分至南緯五度三十五分，東經百十八度至百二十六度。由北至南，兩半島最長者七百五十公里，其闊大概六十公里與面積估算五萬四千方公里。四股分隔三大灣，在北曰柯郎他盧(Corongtolo)，亦謂之途密尼海灣(Gulf cf Tomini)，在東者曰多羅(Tolo)，亦謂之杜眉器海灣(Gulf of Tomaiki)；在南曰保尼海灣(Gulf of Boni)。

島上山脈蜿蜒，似起於中央之杜加拉山(Toekala Mt)，有旁省(Bonthain)峯在西股半島之南，高九千七百八十八尺，乃活動火山也。西北有圖打山(Douda)，高至萬尺，又克拉伯山(Klabat)高七千餘尺，皆見於荷蘭地圖。英誌頗以未經測量爲疑。河之最大曰沙登(Sadang)，亦從中央高原發源，至西向巴兒巴兒(Pare Pare Bay)小澳之北入於海，計其程曲折盤繞百六十公里之遠，至萋拉那(Chiurana)河口入半島保尼海灣北。土人中等之船可航入二十公里，至陸貝耶湖(Lubaya)。又有兩小湖在於中央高原，分流於諸河，入東濱之海。天氣冷暖約與婆羅洲相似。

島中本來之人種雖屬巴朋，實係太古遺民苗裔，無文字，無織工金工，以樹皮爲衣，似獵人頭，能食人肉之類，以人類顱骨飾於首領門首。死時又須兩人類頭顱，以祭其墓，而葬法尤奇。美國游歷家碧客磨兒(Bickmore)曾至其北方半島中，紀云：用直式之棺，係取長方直豎之石鑿孔至底如甕，收其屍，以腳先入，及頂，蓋以屋頂式石帽，然後豎立於壙中；外刻一粗率人像於一座中，兩手抱膝，是爲極敬極尊之葬儀。蓋其北方人民殊異，似與婆羅洲台耶克族相近，觀其外貌，亦公平和氣，亦有改從基督教者。所製樹皮之衣，初閱似極鄙陋，實則其樹皮膠質，以木槌搗虀，薄而韌，悉化本質如羊皮紙，又如中國漆絹之類，光亮堅實，能禦風雨，亦有益之衣料。

往者西人因聞其能食人，未敢徑入其地，咸疑係散處之數島。十五世紀之末西班牙著作家巴寶沙(Barbassar)游歷東方，以觀民風，至摩鹿加海峽，見西里伯人赤坦上身，販香料、銅、錫、棉，時至其地兌換長劍與鍍錫。土人言此卽善食人肉之種類，其酋處決一罪人，如宰一豕，請客公讌，巴寶沙遂裹足不敢入。嗣而康圖(Drconto)游記，則謂其島中屋宇以木建之，皆華麗，雕刻精緻，其地產金與檀木，恆與中國人交易蠶絲。出戰，舳艫結隊，奮力爭先，人死焚屍取灰，貯甕而葬，立廟一年而祭。用貓、狗、野鳥爲牲品，仰天以禱祝，係屬印度古教遺風。遞觀二說皆似是而非，出於耳食傳聞，烏足信。一五二五年葡萄牙人始至其地，遂引爪哇之回教入其西南半島之馬加撒，以變其印度古教。此出於庫牢裴德(Mr. Oráwfurd)之策，頗有驗效。一五四〇年葡人得與通貿易，然無常設之地。一六〇七年荷人以兵船抵馬加撒之哥亞(Gao)，與土酋立約通商。一六六〇年竟占馬加撒自行設立其地，中間不知經歷幾番戰事，挾之以威也。結局得兩處分隔地界，一卽馬加撒之北，約四十公里，距內地二十公里，商場在哥亞之南，展至海濱登加(Tanka)河口。其東卽旁省之火山，與海濱馬利耳諸島合爲馬加撒政府。地本哥亞之酋毋拉查自主部落，酋今尙在，與荷政府相距約三公里。其一則在北半島向東盡處之孟那圖(Menado)。

荷人之占領馬加撒也，聯合回教九部落，屬於善及斯(Bugis)之王子者，曰哥亞，曰保尼，曰拉模閭(Lamoru)，曰馬雷(Mario)，曰鄧尼得(Tanette)，曰秦班(Sopeng)，曰華早(Wadjo)，曰亞查登巴連(Adja Tamparang)，曰馬生連善盧(Masenreng Brlu)。馬加撒或稱爲望加錫，在南緯五度二十分，東經北十九度二十八分，面積四千五百方公里，是爲政府首邑，衞以洛題塘(Rotterdam)砲台。街道徑直潔淨，並有窖溝渠以疏濁水，高潮入之，從低地刷出。人民約三十五、六萬，邑內之人僅萬四、五千，歐人不過二百餘，中國與爪哇人與土人雜居之。一八四七年宣告爲自由商埠，埠外所集士著之船尤多，與澳洲諸島及新幾內亞(New Quinea)交易。產米尤豐，有運至中國者。旁省山地則產咖啡、菸葉、棉、靛。馬加撒與菩及斯婦女能製一種花邊，謂之沙龍（Sarongs），織以絲或金線，馬來男女恆用之，緣飾於衣襟，堅固而色耐久，值價甚高。其與婆羅洲相距之馬加撒海峽，闊處七十公里至二百四十公里，中有巴題路士題（Pateroster）、菩盧羅得（Pulo-Lant）、巴馬母倫（Pamaroong）諸島。

孟那圖乃荷人駐劄所之地，在銘那夏沙（Menahassar）火山之麓，長約七十公里，復廣拓之；至哥郎他盧（Gorontalo），爲副駐劄所。是地前本條那得（Terlate）酋長薩爾登所治，居民多蠻種，其風俗無足紀。一六七七年荷人力驅葡人而侵占焉，令土人入基督教，初時無甚成效。一八二二年覓得其內地有高原，宜種咖啡，遂聘爪哇人教授土人種植，舉其土著爲首領，稱馬曹（Majors），若總管之職。引誘提倡，准以百分之五爲利益，餘則純淨咖啡定價交入政府棧房，以資專賣。又於每邑設一歐人督理其種植，謂之康都閭（Controleurs），即銜辦也。乃修道路，積漸修改諸村落，建築教堂學校。時至今日，是地宛然如大花園，街道兩旁，以玫瑰爲籬，咖啡與漆及別種果樹垂蔭其間，民居雖屬茅廬蔀屋，散列其旁，衣食自足，行爲良善，較之六、七十年前其祖若父，赤裸野蠻，竟變一世界矣。

銘那夏沙高原出於海上二千五百尺至三千尺，其旁衆山有起至六千尺以上者。中有一湖曰唐打奴（Tondano），長十公里，闊三公里。碧客麼兒曾測驗之，云深不及七十尺。其源發於最高之郇拉拉肯（Rurukan），出海三千五百尺，流入山峽，匯於此湖。是地六月時華氏表常六十二度，鮮有起至八十度者。所產之米有豐無歉。山水秀麗，衆火山之峯巒罩以樹林，足助眺遠，眼界清爽。咖啡種植地較稻田尤繁。火山之數十有一座，百年來業已熄滅。有一熱泉常噴圓頂沸水，相隔伸縮。時間短促。沸泉之旁皆火山濁泥，前有意國人視其泥上有乾處，冒險履之，欲近沸口，以觀所以。距意乾泥之下，悉係沸泥，遂跌入泥中而煨斃。是處時有地震，諸屋皆以木建之，亦不能經久不傾折。

孟那圖與器壓（Kema）在島北股向東盡處，俱係銘那夏沙首邑。兩地相距不踰二十公里，通以道路。孟那圖即是都會，地方雖小，風景如畫，每屋皆圍以花園。種以雜樹嘉木名花，較之馬加撒轉覺清靜幽雅。器壓之港可避西風。

是處自種咖啡，人民大增，初時不過四十餘萬，十年後竟加十萬。咖啡初種時，全數六百萬株，連年又復增植。樹之大者年得二十磅，而幼樹與老樹扯算年亦可得一磅。低地處又可種椰子，但產額不多。米亦爲出口之大宗。棲絲亦足供土著船上繩索之用。

銘那夏沙之西，展至哥郎他圖約百五十公里。居人皆土著，屬其首領毋拉查，並荷人副駐劄所管理。雖屬小邑，而南濱有郎哥他圖之埠。其北濱上之人民皆信回教，各成部落，曰保郎邦加（Bolongban-ka），曰保郎馬故打（Bolong-Magou'a），曰平圖那（Bintoona），曰器的班（Kaidipan），曰保郎赫楠（Bolong-Hitarn），合之孟那圖，總共面積二萬六千九百四十一方公里，人民二十三、四萬。

高郎他盧埠之西北，乃林博圖湖（Limbotto），其大可匹於唐打奴，魚蝦特盛，四圍無火山而產金，亦由政府專賣。從前稅重，淘工不能堪而罷業，吟則減輕工稅，一家祇出銀錢五觚羅林（Florius）。高郎他圖迤西之人蠻悍不易馴，惟在善及斯與孟打（Mandars）海濱可與內地土人交易。

善及斯部落在於西濱，其首邑曰保尼，一毋拉查治之，係有限制之君權，與荷親善。荷人雖得與其南方半島交易，而土人所說一種特別語言，會特別之字，頗覺極不相入。孟打所言亦異，其地在島西濱，有孟打角突出於馬加沙海峽，其部落又在角之北。大抵西里伯全島經馬來傳布回教，其語言向分明，衣服亦楚楚，餘則赤袒依然，僅圍下體而已。荷人所占此島，不過西南股半島之半，與北半島盡處一小段，其餘東股與東南股兩半島皆未能入，是祇有其地五分之一。故於內地究竟果何情況，而諸誌皆不能了然詳之。一八一一年荷人之地爲英所奪，一八一六年始交還。

島上荷人所屬之地，產樟腦、安息香爲最，餘則麵包果、椰子、咖啡、香蕉、柑桔、波羅密、菸葉、甘蔗、檀木、蘇木、烏木、米、稷、沙貢、靛、棉、薯、芋略與馬來羣島同。其與中國諸埠交易者，爲燕窩、魚翅、海參、玳瑁、珍珠、紫裙，並女士所織之席及草帽。此外與新加坡交易尤多，入口則棉貨、羊毛貨、啤酒、麥酒、酒精、煤、鐵、軍械、手槍、火藥、陶器，出入口之值足相抵，年各七、八十萬鎊。其獸無象、豹、犀兕，產馬尤佳，最奇者三：曰氏奴碧詩甲士(Cyno Pithecus)，乃猿類無尾之大黑猿，卽獮也；曰嬰奴亞(Anoa)，野牛而小似羚牛，卽羚也；曰巴擺辣沙(Babirsa)，野豬之類，大如犢，耳小，有四牙，出於唇上，長六、七寸，頂曲如鉤，或稱爲角豬，實貘豕也。更有貛、麝、鹿、穿山甲、松鼠、田鼠、香貓等。禽中鳥類有三：曰巴時郎密(Baslomis)，曰晏奴德(Enedes)，曰薆鑾路士都辣(Scissirostrum)；鵲類兩種：曰士杜樸闘詩他(Streptocitta)，曰柴利湯尼(Charito-ruis)；翡翠另有一種曰時恪士(Ceycopsis)，蜂雀亦另有一種曰買路波江(Meropogon)，鸚鵡另有一種而長尾，則秦吉了也。蟲類則蝴蝶，野蜂尤多。

島西南股半島盡處之東南，一島曰沙利耳，當南緯六度東經百二十度三十分，南北長四十公里，闊八公里，人民六萬，產棉與稷。其南一叢小島，更遠一百公里，叢島礁無數，雖近屬於西里伯，而在福羅利海中，可毋庸分別矣。

島之西沿馬加撒峽，有孟打灣巴拉海灣(Palas B)，而峽中長至四百公里無一緊要島嶼。

島南，其東半島之西有茫那(Moena)，加卑那(Kabeina)兩島，與沙利耳東西相距之間卽保尼海灣。茫那之東，一較大之島曰寶唐（Boeton）。寶唐之南一小島曰夏及地，寶唐之東一小島曰黃及黃及，與其外無數衆小島，皆在福羅利海中。寶唐之北一小島曰吳汪尼(Wowoni)。以上諸島之居人，據云皆馬來回教徒，而語言迥異，未由知其底蘊。島之正東圖盧海灣之北，有島曰伯林（Peling)，長五十公里，闊二十公里。其南兩小島曰拉堡堡（Laboeboe)，曰邦庫拉（Bangkoela)。其東一小島曰邦加査（Bangaja）。其東南又有一叢無名衆小島，外此則曰姑利項得海峽（Greyhoundstr)。海峽之東有略大兩島，或謂之蘇拉（Sulla)，亦謂之助拉（Xulla)。雙島東西分開一百公里，中僅一窄峽，在西者曰他理善（Taliabo)，在東者曰孟姑拉（Mangola)。孟姑拉之南一小島曰巴氏（Basi)，其東又有無名之小島。以上諸島之居人本與東半島聯合，而無甚出產。伯林島之北，卽島之東半島，其盡處有他拉保角（Talabo C）。繞角而西入，是爲途絡尼海灣。灣之中央有島曰都翦(Togian)。都翦之西北一島曰恩那恩那(Oena Oena)，都翦之南一島曰博加博加(Boeka Boeka)，都翦之東一島曰馬林及（Mallingi)。馬林及之南一島曰寶亞(Poa)。

島之北半島有一瘦長之脊灣轉向東，東之盡處曰博力省角(C Polisaug)。荷人所設孟那圖與器壓兩邑，卽在此角以內。而角之外向北，有數小島，最近者曰邦加(Banka)，曰他力新（Talisin）。再北曰柏查(Beiar)，柏查之北曰他故連途(Tagolando)。他故連途之西曰保掩（Boeang)。他故連途之北曰氏孟(Siao)，氏孟之西曰馬加拉亞(Macalara)。馬加拉亞之北亞曰馬魁利兒(Maduiliere)。馬魁利兒之東一叢小島曰博拉(Bola)。博拉之北有略大之島曰山魁兒(Sauqu'r)，總謂之他羅斯（Talause）羣島。山魁兒與氏孟之人民同於孟那圖，惟語言腔口微異，皆穿長袍，自頸至踝若禮服。種椰子與薯，有豬、羊、雞、鴨。其地便利行船，由摩鹿加海峽以通中國甚易。惜土著之船缺少，嚮時荷人占山魁兒，頗有設立。然是島有活動火山，一八五六年三月二日忽然大噴突，死二千餘人，遂棄之而荒。山魁兒之北有沙拉非亞(Salavia)小島，小島之西，有懿恪克礁(Haycock)。再北有加加拉郎 (Carcaralong) 叢島，在東者曰晏打(Anda)，在北者曰亞菈假(Ariaga)。亞菈假之西爲北懿恪克礁，亞菈假之北則曰加林哥爾 (Kalingal)。再北則呂宋所屬銘登奴之南西連會與韓模克 (Humuock) 兩島。山魁兒之東又有途禮 (Tulur) 叢島，稍大者曰加器連 (Karckelang)。其南曰沙力巴菩 (Salibaboo)，沙力巴菩之東曰加博毋良 (Kaboroan)，加博毋良之南曰北灘(Northunberland Bank)，更南卽摩鹿加通路。途禮叢島之北，可名者曰那奴沙(Nanossa)，曰麥連及(Melangis)，皆小叢島也。

論曰：歐洲各國大小維繫，小部落拚合大部落，居然稱國，而幅員皆非廣大。荷蘭處於北地，土瘠民貧，古時恆仗海盜剽掠爲生，故多精航海之術。第十四世紀之末，始講商船之利，與英法爭衡於海上，往往爲英所屈。至十五世紀之末，始有航海家覓得爪哇之保他韋據爲巢穴。十六世紀之初，其國之富商又設東印度公司以爲後應。由是侵蘇門答臘，侵婆羅洲，肆無忌憚。雖是時其本國常爲英法所侵侮，猶克以圖存，實藉外府之貲，遙相接濟。是航海家出其力，開闢利源；而商人集其貲，以固國圉。成效昭彰，心猶未已，又占西里伯一偶之地。畀葡人引回教誘之於先，荷人竟從其後坐收其利，得寸進寸，得尺進尺，不亦巧乎。然細按其規畫，尤在於思深慮遠，不圖急功，故歷二、三百年，不至喪敗。當拿破崙擾亂歐洲時，荷人捲入戰塵之內，英人來爭蘇門答臘，並及西里伯，未幾，卽行歸還。蓋緊其苦心，未敢遠各國公論。此係歐人之所護惜歐人也。惟是南洋諸島，各部落之人民沉淪已久，無可告語，其公論又仗誰操耶。

第六章　摩鹿加羣島

摩鹿加亦作馬陸哥(Malucco)，乃數叢小島也。或稱爲隊島（RoyalIslands)，言如步兵之錯綜，三、五散列；或稱爲香島（SpceIslands)，則因丁香荳蔻而得名，實則非專指一島也。所謂摩鹿加者，係葡萄牙人初占此叢島，以其君之名名之，猶西班牙人之名呂宋羣島爲菲律濱耳。計此一叢中，大小諸島散布海上，可名者曰保路(Bouru)，曰緬聯(Cerams)，曰博程(Balchian)，曰及盧盧(Gilolo)，曰摩地(Morty)，曰題那得（Ternate)，曰泰多兒（Tidore)，曰摩慶（Makian)，曰器呵（Kaio)，曰晏貝那(Amoyna)，曰班打(Banda)，曰哥連母(Goram)，曰馬他伯洛(Matabello)，皆在西里伯之東，丁買羅得之北，新幾內亞(New Guinea)之西，銘登奴之東南，約占緯線南北各五度，而經線有六、七度之數，但論島地面積，不過四萬三千方公里，人民則八十餘萬。雖多火山，而水泉尤佳，地土肥沃，種植蕃昌。其民本祇兩種，曰馬來，曰馬朋。巴朋猶是島民舊種，身高，鬚髮捲，皮膚黑，所奉偶像即蒲喇銘印度古教，西人則以異教目之。回教當係葡人占領後帶入者也。又有所謂波利尼陝(Polynesians)者，係言諸島混雜之人種。歐人占領之切，嘗用販奴以開墾，此種販奴原係各處擄來，不定出於一島。加以葡人、荷人、西班牙人、亞剌伯人、中國人陸續而至，納士人女以生子，遺裔存留，種族遂異，皮膚變爲暗棕色者多，面目亦不甚相同矣。諸島分界限之以海，其語言則秉生初之腔，與地勢高下不能盡一，故南腔北調各有特別口吻，頗覺扞格不相通。其地雖跨赤道，而各島之山多有叢樹遮蔭，是以天氣轉覺可悅。溫度平均僅在華氏表七、八十度間。東風始於五月，西風始於十二月，際於時令更換之候，常有烈風暴雨。惟諸島皆當火山帶之衝，不時暴發爲災。

一五二一年葡人蒲力圖(Antoniode Brito)始至是處，見羣島莫得其名，故強以摩鹿加名之。蓋與麥哲倫之覔呂宋同時也。惟麥哲倫係從大西洋繞墨州之南而行，蒲力圖則從非洲之南越印度洋而至。一西一東，程途取徑雖不同，其成績俱有可嘉。航海家苦心孤詣，爲國拓地開基，較之出入槍林彈雨間，厥功尤偉。至十六世紀後，葡國中恆多內亂，積弱不振。十七世紀之初，荷人窺其弊，遂入而占之，並以兵力盡驅葡人，威逼土人，設駐劄所四：曰題那得，曰晏貝那，曰班打，曰孟那圖，竟合西里伯北股半島之東盡處爲一也。立政府於題那得小島上，以便策應四方。題那得與泰多兒兩島尚有土酋。稱薩爾登者，屬諸酋之長。荷人則與之約，有間接直接之分：北方諸島任用人員，雖可由薩爾登主政，必經駐劄所批准而後行；南方諸島任用人員，則荷人自行管理。

題那得一小島也，在及盧盧之西北緯零度四十八分三十秒，東經百二十七度二十六分三十秒，面積三十三方公里，薩爾登之宮在其東，荷人駐劄所近之，並有政府學堂、耶教堂。人民八、九萬，中國人四、五百，歐人僅百餘。地肥潤，有好水，土人皆馬來種。種米、棉、菸葉，與鄰近諸島通交易。又善造小船篷艇及平底戰船，用六雙或八雙之檝，載兩三尊大砲，當年亦可橫行海上，與蘇祿抵抗。一八〇七年荷人建一砲臺於其上，曰河連渚(Orange)，取其狀如桔也。題那得島地雖小，荷人設爲摩鹿加北方政府，在圓頂火山之麓。山高四千尺，恆吐雲烟，上沖霄漢。云自歐人據島以來，其噴突發已閱十四、五次矣。其東邊數公里，有一片黑灰粗跡，不生草木，土人謂爲巴途嬰假(Batu Angas)，言乃火山石所化流漿也，是百餘年前所遺。然火山之旁，樹木圍繞，景物殊美，縱有坎陷高低崎嶇，亦不失山之本性。島前南向，與泰多兒島上危峯，相對如案，東邊及盧盧一帶，山脊綿亙。其北亦有一羣火山，上有三危峯，峭立插天。是島之基底乃火山所伏，故恆見地震。一八四〇年二月二日，適中國人新年元旦，半夜忽然地震，衆人正在宴飲，樽傾杯倒，房屋動搖，行坐皆不穩。初猶以爲戲玩，詎知連震十四夜，沿街之地開而復合者數，所有石建諸屋無不崩壞，祇餘石堆甎塊。傷害生命不知其數。覺使島地如乘漏舟，顚簸於驚濤駭浪間，弗知止泊何所。其勢由北而南，若泰多兒，若摩慶，若博程諸島，百公里之遠皆被波及。每日午後發作，約一點鐘，可達六公里之遠。至元宵之夕，平靜不動，月明如晝，幸存未死者三、五成羣，聚於敗瓦頹垣之上，或嗟或泣，較之兵燹之刼尤慘。最奇者，島東遠處一公里之地，村落人家以木建之，而搖蕩震動竟未之及，始終無事。同居區區蕞爾一島中，而安危苦樂不均若是。

泰多兒在題那得之南，相隔一水道不遠，在北緯零度四十分東經百二十七度二十五分，周圍十八公里。上有活動火山，高五千五百三十尺，其三千尺以下，地皆膏腴，樹林稠密，雖有薩爾登居之，而政權則屬於題那得駐劄所。人民約八萬，勤於耕織與漁，工業亦不惡，皆信回教，故回教堂甚多。外有停泊所甚佳，蓋題那得吸取摩鹿加北方與新幾內亞商務，其商船多集於此，亦有專往中國之船。從前提那得與泰多兒及其南三島，皆產丁香、荳蔻，荷人占得其地後，悉令伐去，盡拔其根，種於晏貝那，以便其肆力專賣之計。泰多兒之南，有一更小之島曰莫地兒(Mortier)，在北緯零度二十八分，東經百二十七度二十九分三十秒，出陶器。上有一火山，高二千三百尺，景物亦美。

摩慶又在莫地兒之南，北緯零度二十分，東經百二十七度二十四分，產沙貢、米、菸葉、魚貨。人民盈萬，工結網紡紗織粗布。上有一火山，狀如圓坵。一六四六年大噴發，火其山口裂一深坑，喪人民不少。既熄後百餘年，人民漸聚，建屋於海濱，成十二村。一八六二年十二月二十九日，復爆裂如前，毀滅諸村，拋擲石塊，殺人民三百二十六。其灰沙噴至相距三十公里題那得島上，次日鬱爲濃雲，遮蔽遠近，陰黑如夜，雖日中亦須燃燈。其灰沙散落地上厚三、四寸，五十公里以內之禾稼矮樹，悉被其害。摩慶之南又有一叢更小之島，曰器呵，或作加曹(Kajao)，內多珊瑚淺礁所結成。

博程亦作博曾(Batjan)，在器呵之南，南緯零度五十五分，東經百二十七度二十二分至百二十八度，長五十公里，闊十八公里，上多山峯，由千五百至四千尺不等。山水流爲衆溪澗之源，覆以爲木蘇木並珍貴之木，風景美麗。羽毛彩色之鳥多集其中，鹿與野豬羣游其下，有一薩爾登在焉。人民不及萬，葡人、荷人、西班牙人愛其幽靜，亦喜居之。土人惰而貪，產沙貢、椰子、丁香、咖啡、米、魚。礦物有金與銅雖不多，而煤頗豐，皆未經開採。博程之西又有三小島，在北者二，其一曰道華利(Tawari)，其一無名；在南者曰孟的阿利(Mandioli)。博程之南近處亦有一小島曰西連(Selang)。博程之西南又有惡拜(Obi)羣島，曰大惡拜(Obi Major)，曰少惡拜(Obi Minor)，曰梯化(Tapha)，曰杠囊馬(Gonoma)，曰必森(Pisang)，曰馬査(Maji)，共六座。大惡拜居中最鉅，在南緯一度三十五分，東經百二十七至百二十八度，面積五百九十八方公里。地亦肥美，荳蔻、沙貢野生其上，青蒼可愛。雖無火山地震之患，久荒無人居，相傳居者咸不利。荷人不之信，一六七一年以八百圓賂博程薩蘭，購此六島，築一木屋，曰蓄力爾(Bril)於其中，使人守之。守者非斃即病，諉爲天氣不爽，多退縮不願住。一七三八年荷公司竟議棄之，流爲海盜之逋逃藪。

及盧盧土人謂爲何馬懿拉(Holmaheira)，西與題那得一行數島相距不過八或十公里，是爲摩鹿加中最大之島。其狀甚奇，亦係四半島黏合於中央，似西里伯而小，又似橫寫之介字，而偏於東向。其中心約在北緯一度，東經百二十八度，面積六千五百方公里，上多山，樹林蓊蔚。馬來在東，巴朋在西，成兩部，一卽名及盧盧，一曰阿沙（Ossa）。其間又分數小部，北有火山曰加拉肯（Kalakan），勢亦高舉。全島產沙貢、椰子、香料、燕窩、珍珠、金屑、馬、羊、牛。入口之貨由荷公司運輸而來，多製造品、鴉片、中國磁與鐵。其西濱中央處，一小澳曰圖登假（Dodinga），與提那得相對。下有一道珊瑚礁，若相連續焉。其四半島分北東南三大澳，北澳外一島卽摩地也。

摩地在北緯二度，東經百二十八度三十分，長六十公里，闊十五公里。土產以沙貢爲最，西與及盧盧北半島盡處巴洛必瑣角（C. Bloc Bissao），相距三十公里，卽謂之摩地海峽。摩地之西一小島曰毋閭（Ran）。摩地西北迤與呂宋之銘登奴相望之間有數小島，略大者曰律呂（Lulur），在北緯四度二十分，東經百二十度四十分；其南兩小島曰沙力巴瓠（Salibaboo），曰加保毋良（Kaboroam）。律呂東北又有數叢小島，曰奴那沙（Nanussa），曰麥連及（Melangis），餘無名，似皆淺礁也。摩地與律呂相距之間，卽摩鹿加通路，可由此繞出東北，入太平洋。及盧盧東向兩半島相距成亞爾赫拉海灣，其內向爲碧杜利澳（Bittoli B），及盧盧南半島盡處爲力博博角（Libobo C）。角外數小島曰鄧馬（Damar），餘無名。轉入卽爲厄打澳（Wedap B）。或言及盧盧南半島荒無人居，海盜恆集其濱，殆不可信。其南半島東濱之半，倘有一邑曰麻花（Maffa），豈盧設乎。

𤋮聯在麼鹿加叢島中，亦係一大島，距宴貝那東北二十公里，其西北向，當南緯二度五十三分，東經百二十八度廿二分，面積六千方公里。山脊橫越於東西，高出海上七、八千尺，諸山谷崗巒錯出，有若犬牙。地亦肥沃，嘉木蘢葱。居民三萬，多巴朋黑種，善鑄兵器。荷人握其權，設砲台於北海濱要村，其港曰森威（Sanway），派一軍官久駐其地管理之。南向亦有一澳，曰厄樸博德（Elpoetip），分島爲東西兩段。中間有地腰橫越，不過二十公里。全島所產沙貢特盛，皆作沙貢餅載運出口，而種穀之地減少，轉致民食不敷，因貧乏爲小販，食蔬果度日。內地林深篠密，尙有蠻種隱其村落於巖隙山腰，不爲外人所見。其中央有大山曰納沙希利（Nusa Heli），高踰萬尺，崎嶇險阻，歐人無有敢涉其地。其東濱地勢低下，東風起，則海潮漫溢，民之生計益窘。蟫聯之東南，一叢小島曰牢德（Lautls），最近者曰寬寧孟（Kwanemen），曰客新（Kessing），其水底淺灘。似相連續。有一村曰隙華拉（Kilwara），圍於沙灘上，諸屋皆建於柱頂，與婆羅洲之蒲蘭尼河畔相似。菩及斯商人先居之，闢爲埠頭，與土人交易。略遠三十公里，在南緯四度三十分，東經百三十一度五十分之處，係哥連母與猛撓和柯（Manowoko）兩島，並一小島曰塞那器（Surnaki）。一土酋稱毋拉貪在焉，徒擁虛名。居民多馬來回教徒，略帶巴朋血統，說特別語言，以黑布纏頭，似係菩及斯與摩鹿加之馬來參合。常販菩及斯土產，貨於新畿內亞及新加坡等處。此數島皆珊瑚礁湧結而成，危巖削石高二、三百尺。猛扎和柯島中無泉水，而水在於哥連母，想其下層地基必係硬石。哥連母則週圍二十公里之下皆淺灘，潮平時尙足供停泊。再越二十公里，爲馬他伯洛諸小島，係珊瑚石構成，緊近一礁，中隔一窄徑，土人小艇可安穩駛入。諸島小山粗頑，多生椰子，土人取製爲椰子油，貨於菩及斯商人。其民鮮居山上，惟居濱岸，因有數小井可就近取飲。皆棕色巴朋種，捲髮奉異教，又染幾分回教氣習。馬他伯洛之南十五公里，一小島曰弢兒（Teor），乃高石結成，居人亦係巴朋，與馬他洛伯同。弢兒之東南直下八十公里，又有一叢小島曰器（Ke）。其大者曰器夏（Ke Har），或稱大器（Great Ke），長五十公里，甚窄。上有衆山。又有小器（Little Ke），或稱器多羅（Ke Danlan），則短而闊，不甚高，餘無名。島上皆生美樹，荷人亦占爲主，人民雖巴朋種與回教徒參合，常用黑布纏頭，善造船，以供商家之用。船式大小不等，其最大者僅用斧鑿與鋸，取大樹之木劈作兩片，片長二、三十尺，削定船旁舷彎處，層層門筍相接，艙口純用木釘以合龍，脅內或用藤緊束之，全船無有用鐵之處，而船尾轉舵處粧飾甚雅，用帆與櫓，所行頗速。一船可載重三十噸，航行二千公里，安穩不至失事。新加坡恆見之，是較西人之用鐵釘尤爲精巧。

班打在蠻聯正南五十公里，南緯四度三十分，東經百二十九度五十分，一叢十二島，而六島無人居。餘者曰大班打(Great Banda)，曰班打尼拉(Banda Neira)，曰意(Ay)，曰敢囊惡被(Gunong Opi)，曰毋蘭(Rhun)，曰洛新如(Rosingyn)，面積統共八千七百四十四方公里。大班打最大，敢囊惡被最高，班打尼拉上有活火山，屬於摩鹿加駐劄所分所，居民十三、四萬，外即班打海(Panda Sea)，西一股遙與福羅利海相接。班打尼拉當南緯四度三十三分，東經百三十度，面積五百八十八方公里，在大班打之東，敢囊惡被之西，所隔不過一窄海峽。荷人設邑於島之南，即名尼拉(Neira)，爲駐劄所。沿濱甚峭，圍以數砲台保障，扼海峽泊船處之要口。邑中人民七、八千，駐劄所歐人與戍兵僅五百，耶教堂學校、醫院各一。一八三一年始種荳蔻樹，餘則椰子、香蕉、波羅蜜，而以荳蔻爲最重要。山中產野牛、野豬與鹿，海中產蚱與魚。敢囊惡被或謂爲班打火山，非也。實則一圓峯徑約一公里有半，高二千三百尺。其東班打尼拉，相距一海峽，僅寬四分之一公里，而班打火山則在其上。大班打在其東南，長十一公里，闊兩公里。其外又有小島曰波盧碧生(Pulo Pisang)，曰波羅加頗(Pulo Kapal)等，包圍之成半月形，是爲火山口外障藩籬。班打尼拉中藏荷人之邑與砲台。後有一小山，崖石上豎以旗竿，高八百五十尺，以爲標望。班打人民十二、三萬，雖係回教徒，實則馬來參合波利尼陝而成。蓋葡人荷人占據是島之初，嘗用販奴以種植，遂留遺裔。其火山三百年來噴發十三次，地震尤恆。一六九〇年與一六九一年兩年中皆噴發，挾以地震，荒廢民居地畝甚廣。有隔數月即噴發而挾地震，有六次不噴發但覺地震，受害之輕重頗不同。一八五二年之最大噴發，諸島之地皆動搖，所毀甚鉅，民多遷避於遠島。班打諸島既有火山爲害，民雖去，未幾復集。因其地有荳蔻之利，荳蔻諸園即糕點諸島之景，惟火山土甚薄，幸每月恆數雨，似專爲培養荳蔻也。荳蔻畏日光太炎，則種加那利（Kanary）樹垂蔭於上以庇之。荳蔻之樹若老，結子不旺，則另換新者。新者結子太盛，樹反致病，而所結之子亦弗佳，宜預摘其花。計一園荳蔻樹之數約五十萬株，每年所產荳蔻子可六十萬鎊，而荳蔻花亦有十四、五萬鎊。其利益之厚可知。政府操專賣之法，其計甚深。嗣以火山之患，民多避災散去，島地欲荒，荷人不得已即以此利歸之民，而徵其稅。實則如狙公朝三暮四，以欺衆狙耳。今則所出荳蔻較前已多三、四倍。

安汶或作亞泡（Apou），乃摩鹿加叢島中最要者，荷人亦珍重視之。在塞聯之西南，班打之西北，南緯三度二十六分三十秒至三度四十九分，東經百二十七度五十一分三十秒至百二十八度二十二分十五秒，長三十五公里，闊十公里，面積二百八十七方公里。西向一澳入荷甚深，約分島爲兩半。北部較大，曰亥途（Hitu），南則小而窄，曰萊丁摩（Leitnor）。亥途中衆山峯巒甚高，天氣快爽，溫度高時八十二度，最低不過七十二度，東風至則有暴風雨，多流泉，成三小河皆清水，足供灌溉丁香、沙貢、椰子諸樹。人民三萬，半係基督教徒，餘則信異教及回教。其邑建於來耶（Loya）山麓，荷之駐劄所在其中，步兵兩隊砲兵半隊，共二百八十人，軍官則二十三人。街道闊而潔，借蔭於丁香諸樹。耶教堂二，孤兒院、醫院、戲園各一，又築砲台於西北爲保障，名曰得勝（Victoria）。一六〇五年荷人先挾葡人割讓此島，而後陸續拓及叢島之全部，故視此若都會。荷教會亦派使駐其地，課士著學者爲教士，並刊教科書，教經以傳授，又派教士分投別島宣傳福音，以故入教者日益衆。一八五四年宣布爲目由商埠，有一木碼頭，船人可繞得勝砲台，停泊於深二十拓(Fathams)處。晏貝那之邑在港門西向之南，距海約十公里，布置古雅，其旁鄉莊之地亦可悅。在正三角沙路之旁，界以有花矮樹爲藩籬。無論歐人大廈或土人茅屋，皆如嵌鑲於叢樹之間。背後有山，高低不一，多熱帶豐盛植物雜生其上，如列畫屏，清蒼欲滴。島之西北則有一火山。一六七四年至一八二四年，曾經爆裂數次，今則寂然無聲，居人竟不知其有此險。地裂尤爲常事，一七〇五年大地震兩日，地湧如海浪，破裂數處，吞沒屋宇人民不少，砲台厚牆折爲數段。安汶雖皆馬來種，倘有印度舊俗。又有亞剌伯人、中國人僑寓其中，是以又帶有回教、儒教風氣，行動斯文，舉止謹愼。尤異者中國人嫁女，不惜財幣，廣置金珠首飾，陪媵奴婢，並送新郎靴帽衣料及洞房一切陳設，禮節煩多。固中國人愛女之心，亦所以見其尊重女權也。而土人竟多從其辦理，皆非他島馬來所得比也。安汶之澳在南緯三度四十一分四十秒，東經百二十八度十五分，若風平浪靜時，海門之水恆澄淸湛然見底。倚砲台雉堞下瞰海中，諸形畢露。若珊瑚，若海樹，若海絨，若海藻，若海石，若石華，若海月，簇簇然，纍纍然，蠕蠕然，或動或靜，各以類從。加以礁石高下悉布海苔，儼如山谷岡巒壑穴巖洞，體勢井然。而諸魚結隊游行其間，或藍或紅，或黃或黑，五色繽紛，如穿花之蜂蝶，儼若一廣大美麗園林，沉在海底。雖溫嶠燃犀所照，無此分明，覽之眞足使人心曠神怡，歎世界中無此天然好景也。其海濱有所謂蚚光螺之殼，亦甚著名，土人收之爲貨，售於各埠而享其利，已歷兩三百年。晏貝那之東有三小島，曰夏閼加(Haruka)，曰沙巴閼亞(Saparua)，曰紐紗羅得(Nusa Lant)又有兩小島曰裕利西(Vliassers)，曰亞馬(Ama)，人民似晏貝那所說之語，皆纏聯口音，似原始由是島徙居而來者。諸島合併爲荷人有名之大丁香園，在南緯三度四十分，東經北二十八度三十三分，面積總共百零七方公里。沙巴閼亞乃合兩半島而成，中黏以窄條草地，居民十一村，約一萬三、四千，屬於基督教徒者半。學校十二，生徒甚尠，與亞馬分爲兩邑，隔一海峽，闊一公里。衆山與數小河及硫磺泉，悉在其南，亞馬島上。人民八千，亦一半信基督教，教堂一，學校六，生徒七百。沙巴閭亞有丁香樹十萬株，年產十八萬五千磅。亞馬之丁香亦可十二萬磅，其餘諸島可知矣。夏閭加西濱一邨，荷人設爲駐劄辦事之所，並有兩砲台以資護衛。又有一村其人皆回教徒，語言特別，係葡人之後裔。丁香荳蔻本係摩鹿加叢島野生土產，故有香島之名。一八二四年荷人悉禁諸島，絕其根株，移荳蔻於班打，置丁香於晏貝那，專賣專利，爲壟斷之計，可謂巧極。詎知天心惡巧，不能果如人意。班打因地震而荳蔻之利不能獨專，丁香之利亦未能久握。因種丁香須傭人工，培植半年，所費亦鉅，且近時丁香市價已貶跌，荷政府不免有所虧折，遂亦開放，設稅以收其利，猶不失坐享其成也。今則香島之名似爲班打與晏貝那兩小叢島嶼所獨擅矣。

保路在𠌫聯之西，位南緯三度三十分，東經百二十六度三十五分，長八十五公里，闊三十五公里，狀如鴨卵。首邑曰加則利(Cajeli)，在東濱上，荷人砲台並一統帶屬於晏貝那駐劄所管轄。人民三萬，繞海濱居者皆回教徒，其在東北者似係由西里伯遷來，在南者則似巴朋參合𠌫聯內地之蠻種。南部樹木甚多，北部地皆磽瘠，多沙質頑山，其西部深處卽荷人亦莫知其詳，而島之東向與𠌫聯相隔處，卽名保路海峽。岸之東近𠌫聯處，有數小島曰孟尼被(Menipy)，曰氣聯(Kelang)，餘無名。

摩鹿加叢島中，由及盧盧至𠌫聯與保路，南北相距六百公里，東西則五百五十公里，適在赤道兩旁，俱係火山帶所經，加以熱帶之炎風烈日所薰爍，故博程近處海水常若溫泉，而惡拜諸島鬱烟瘴氣逼人可畏，海底之珊瑚淺礁灰團及盧盧南半島水中，含有珊瑚大石，具由是處發生。至若諸島上之晶石灰石火山石俱有可按，卽巖壑之間亦有紅色黑色燼後刼灰遺蹟，不勝枚舉。然其地土雖屬火山熱帶，植物尤易蕃昌，樹木易生易長，皆係上品木料，不減於馬來諸島也。特別者除丁香、荳蔻外，有加扎潑(Cajuput)樹，不甚高大，幹曲皮鬆，木質白而無用，其葉橢圓有辛辣氣味。班打人蒸以爲油，色淡綠而清满香烈。據云兩袋葉製油不足三小瓶，故價頗昂。又有加登莽(Cardamons)樹，亦係中材。花後結實爲筴，中有三房含粜子，微辛辣，味薄不如加札潑，製爲藥可提神補益，若配合糖果餅餌，頗覺可口，和水蒸油，清而無色，亦微有香。草類則有鏗那利(Canary)，抽莖如稻穗，其子可飼鳥，亦可碾粉，爲次等之麵包。歐洲迤北有特種此以爲糧，而諸島多野生，土人視若等閒而不貴，歐人頗惜之。似係燕麥之類。獸類無一島無猿，惟保程中有無尾之獼。野豬、香貓、鹿到處俱有。最異者曰慶假毋盧(Kargaroo)，頭小如鹿，無角而長耳，前足短，有五趾伸縮如小兒手，能採樹枝葉根而食，後身肥大如豚，後足甚長且大，過於前足約三倍，三趾，尾亦長而粗，棕灰色。大者全身連尾約長五、六尺，重二百餘磅，不能行走，而跳躍甚速。肚皮長而大，恆疊作兩重在腹下，牝者生子，貯之囊中若襁褓，或稱爲袋鼠，謬矣，實卽狽也。此物本產澳洲雪山上，而摩鹿加與新幾內亞亦有之，殆地氣之偏使然歟。蝙蝠之類尤繁，如飛狐、飛鼠，種種不一。諸島中樹密花香，禽鳥爭集，多係極美之彩色。最著者曰極樂鳥(Birds of Paradise)，狀如雉略小，毛羽光彩，頭頸黃而微赭，項背翠綠，膊翅赭而赤，後垂白色絲質羽毛之尾，長二尺餘，能知晴雨而遷徙。土人謂爲神鳥，尊之爲鳥王，並謂自日中由天下降，而不知其實則鬱也。西人甚愛之，意在其毛羽，遂有用箭射殺之者。剝其皮，薰以硫磺烟而乾之，以草實其中。彩色雖減，尚堪炫目。配以枯枝爲架，售於西人作玩好之質，頗得價。曰加瑣華利(Cassowary)，比孔雀而大，或謂之無翼大鳥，出鱉聯中，項有骨質之冠，頸長啄大，項垂窄條零肉，背僂翅大而短，僅有數莖白色秀羽，偏身有翠色翎毛，披拂於尾甚美。前清官吏所戴藍翎，卽此物也。足有三趾而距，善走，乃駝鳥之一種。曰利波亞（Leipoa），比雞而大，產班打中，或謂爲營邱之鳥。目鉅頂有長翎，頭項淡棕色，胸前白色長毛如穗，背翅翼尾皆棕色，帶有黑邊之羽，大小層疊，整而美如鱗甲。足矮而四趾開張，居蓁莽中，能運沙土和葉，壘爲泥堆，育卵其中以爲巢。若追捕之，則急走入叢莽以避，似不能高飛者。此外有紅色鸚鵡，綠色果子鳩，譽尾之翡翠、禿鶖、畫眉、鵓鴿、鷓鴣等。蟲類之美麗勝於馬來諸島，蝴蝶有大如盤，活色而有金點，亦有藍色如絨，綠色如絲，或金黃，或深紅，不一而足，皆他島所未有。

論曰：摩鹿加即明史所謂美洛居，言丁香爲其地所獨有，可以證實。至言佛郎機與紅毛番爭其地，歲歲搆兵，是不知係屬葡人荷人之事。因當時譯語未通，得之傳聞所誤也。然摩鹿加之名非有專島，乃葡人一面之辭。既知有美洛居，何以不知蠶食叢島者，乃葡萄牙之人開其禍端乎。史書所紀，模糊影響，多不足信者類此。雖然，西書所紀諸島之名亦有不盡從土人之稱，隨意更改，致與吾國舊書多不合。惟其所言經譯方位，山川形勢，遞及民情風俗，又較吾國史誌爲詳，譯而存之，讀者略其名，而徵其實可矣。

第七章　新幾內亞

新幾內亞(New Guiuea)，徐魏二誌稱爲新維尼，馬來語稱爲巴菩亞(Papua)，二誌亦沿而稱之。巴菩亞之義，言其捲髮也。西語稱人，加字之音於尾，菩亞人三音合切則變爲朋，故稱其種人爲巴朋(Papuan)。巴朋之人常雜居馬來諸島內地，或疑爲蠻，或疑爲傑，似其源由此島而發也。此島幅員廣大，西枕及盧盧通路（Gilolo Passage），東向斜展於太平洋之南，狀如破敗蕉葉，起於南緯零度三十分至十度四十一分，東經百三十一度至百五十度三十分，由西北北而東南南，長一千五百公里。其西地勢不整，有冀爾屏克澳（Geelvink Bay）與克禮海門（Mclure's Inlet），東西相背成一地腰，僅闊三十五公里，澳東之地增展而大，最闊處則四百公里，總計面積約三十萬方公里，足匹於婆羅洲。島上衆山綿亙，層層高聳，由克禮海門沿北濱之道利港（DoreyHarbour），有亞化山（Mount [illegible]ak）高九千尺至一萬尺，中有一河曰登曹闌母（Tanjoug Ram），向東流入海。克禮海門之嶺窖地腰，一山高約萬二千尺。海門之南越過冀爾屏克澳之東，其南濱有柴力士路易衆山（Charles Louis Mountains），始於登曹蒲盧（Tanjong Buru），高五千尺，漸東則逾高，至東經百三十度處，則達九千五百尺。蜿蜒分支入於內地略遠，聳出一峯，約高萬七八千尺，爲羣島最巍峨之巔，可比印度之葱嶺。天氣清爽，距海百公里，可以望見其巔，皚皚皆係積雪，岡巒重疊，沿南緯四度，趨向北濱而沒。因南緯四度三十分處，有福來河（Flyriver）橫截之，河畔南濱圖勒士海峽（Torres Strait）之西，地低而溼，絕無邱壑，竟與北濱相反。北濱冀爾屏克澳之東，有兒非爾尖（Point Durville），當東經百三十八度處，有一大河匯於海，裂開高地也。島之南濱福來河之西，又有一小河曰巴斯題（Baxter R）。此河之口與澳洲之約克角（C. York）南北相望，隔於圖勒士海峽，僅寬九十公里。峽中衆小島礁石叢雜，想其下之地脈固相連也。既越福來河，至東經百四十四度處，山勢又起，最高者曰毓盧山（Moutyulo），高一萬零四十尺，在百四十七度，並阿彎士登利山（Mount Owen Stanley），高一萬三千零五尺。遞至島東盡處，摩勒士拜港口（Port Moresby）內向四十公里，諸峯卓立有萬尺者，有八千尺者，有萬一千尺者，有九千尺者，有六千尺者，參差高下，如列畫屏。卽北地角（North Foreland），亦高一千八百尺。

此島在東海之南，雖屬荒外，實則近於咫尺。或謂亙古未與中國通，羣蠻星零部落，各自蟄伏，吾歷代史書，皆未之及。無怪西人接踵測量探訪，費三、四百年之力，終不能知其內地之究竟，不過議其沿濱人種之顏色面目，遞加所產之生物植物，詡爲博學獨得之祕而已。一五二六年與一五二八年，葡萄牙兩航海家，先後至近其島處，停泊數日，不見動靜，亦莫能知其狀。竟弗敢入，舍之而去。一五四五年西班牙船主裕哥(Yuigo Ortizde Retes)乘Sanjuan船沿其北濱航行二百五十公里，以爲其地頗似非洲西之幾內亞(Guinea)海濱，遂以新幾內亞強名之。一六〇六年，西班牙兵船船主圖勒士測量其南濱，穿越海峽，遂以己名名之。再航而東，望見諸山之高者，又以其國王之名名之。是時荷人亦從事測量，查探諸海，從摩鹿加南向器(Ke.)叢島，至亞閼(Aru)，航往其南濱，是陸續環繞，測量諸濱，若甕爾屏克灣，若克禮海門，若北濱中間之士楚登諸島(Schoutensls)，皆荷人所命之名。並紀以行程方位，以爲標準，迄未敢一登其岸。因傳聞島中土人蠻頑，酷嗜人肉，且有數船擱淺，或寄碇於近濱，致遭殺害，海人發砲攻之，皆散走無踪，強近其地覓之，又不見村落屋宇，寂無影響，莫奈之何。一六七六年，荷有兩船主，一曰士楚登，即以其名，名北濱之羣島者也。一曰娓兒(La Maire)，登岸取淸水，土人出與之戰，互有殺傷而從。一七〇〇年，英船主談被兒(Dampier)從北[illegible]航行，攬近其島之尖角，各命以名。至士楚登羣島之東南，見一島，亦以己名名之。再穿越其海峽而去。自是而後，英之航海家踵至。一七六八年有保梗非爾(M.De Bougainville)，一七七〇年有庫克(Cook)，一七七四年有和勒士(Forrest)，一七九一年有厄得華(Edwards)，一七九二年有伯力(Bligh)，皆覓其南濱各分部，而島人尙高枕鼾臥其中，封閉如故。一七九九年有符林題(Flinders)，自告奮勇，欲輕身探入，旣至復卻步，苦無門徑，亦不敢冒昧捨肉以餧虎，祇在海口收羅數事爲證，聲言其中之生物植物礦產豐富，多爲他地所未有，用是好奇之士，聞之怦怦心動，莫不欲奮臂而往，一探寶山。既而法人兒非爾(JDunmoutd'ulvill)統帶 Astrolabe 兵船至，細爲分別諸物。魁(Quoi)與技馬(Gaymard)兩人，爲之編輯，成生物史一册，出西人歷史所傳之生物學以外甚多。然航海家雖精於天文與地駕駛測量槍砲諸技，安能兼精博物家之生物學植物學人種學礦學，遞及舌人之各種方言乎？非此縱可游弋海上，遥行無礙，而不能深入虎穴，探奇選勝，而採取精華也。一八二四年，法人用 Coquille 測量船，載博學名家勒遜(Lesson)並科學儀器至其地，停留若干日，雖有所得，而出於兒非爾所錄者無多。一八二八年，荷人用艦隊探西濱，董其事者，有馬加撒之兵官，性鹵莽，繞至西南濱杜家來塘灣(Triton Bay)，日坐艙上，沉悶無聊，遥望岸上樹陰之間，人影憧憧，若隱若現，弗信其俗難治，以其似此醜類蠢物，有何能爲？遂率數人登岸，欲捉之以爲嚮導。行未幾，土人自林間蜂湧而出，殺之如宰羊豕，諸艦雖開砲救之已無及，轟倒許多雜樹，土人已散避，而荷人之心尚未已，島地雖從此分剖矣。

一八四五年，英艦隊船主白拉克吳得(Blackwood)。與阿彎士登利，明年，福來與善連保(Bramble)，皆測量其南濱，阿彎士登利所測之山，福來所測之河，各以己名名之。一八五〇年，善連保復測其南濱，繞越北濱，雖不厭其詳，而徒測究爲何益。遂有智者，變計以圖之，著作家道利(Dorey)默想巴册種類雖殊，究亦人類，非木石猛獸所可比，入之而被禍，必係語言不通之誤，乃傭爲來人曾至其地能通其語者四人爲僕役，由北濱道利港上岸，留住三個月乃返，收集蟲鳥之類頗夥，然所歷其地，亦不過數公里，雖入山不深，而得履實地，誠爲破天荒之第一人。衆乃知食人之說非確，遂名其名於港，以誌其功。三年，復偕一輔佐者亞冷(Mrcharles Allen)，從西北盡處梭路(Sorong)上岸，至十五或二十公里之間一山村留住一月。由是報紙傳聞，衆皆習知其法。謂島固易與也。咸變其海山測量，爲實地探訪。一八七一年，馬利博士（Dr. Michlucho Maelay）率二人，一係瑞典人名西非得（Sivede），一係波利尼陝（Polybeian）雜種之人，九月，從東北濱亞士都洛拜灣上岸，步入土著居人之地，留住十五閱月，而波利尼陝之僕巳死，博士與瑞典人亦病，因天氣不爽，糧亦告罄，適俄人亦以汽船在是處測量，遂附搭而返。次年，有意國博學家，柏加利（Dr. Ceccari）與厄爾牌的（D, Albertis），至西南濱克禮海門之南，加拉（Karas）與加巴（Bapaur）兩島之間，探之似非善地，遂至素郎（Sorong）與道利北濱上岸，厄爾牌的入其內地二十公里，至一村，曰夏登（Hatain），地勢高出海上三千尺至三千五百尺，住一月，收集蟲鳥草木，以爲探考之驗。一八七三年，柏加利博士，又偕一旅行隊探訪器與亞閭兩叢島，頗有所得，較麥兒博士（Dr. A. B. Mayer）之成績尤佳。柏加利於一八七五年，在馬加撒租一雙桅小船，往探冀爾屏克灣，並附近島濱一帶之地，及灣之盡處，遂登陸進至內地，至高三千尺，見海距濱岸頗遠。是處居人安靜，與外人友愛交厚。附近一大湖，西濱外有一村落，民居甚衆。既而囘至北向，越克禮海門之嶺，阻雨於高二千尺山岡，四日後，至道利港之南奥地（Andai），登亞化山，所游三閱月，至十一月而歸於澳國非尼亞（Vienng）。

一八七三年，英船巴士力士（Basilisk）船主摩勒士拜在圖勒士海峽鄰近處，設法勾引七人，探測阿彎士登利從前未竟之緒，覺是島東方部位之形狀，與地圖殊異，乃知東方突出諸山，立於深水道之間遮蔽孔隙，以代沿濱之線，故濱之外，與島上之地勢，恆被瞞過，不能了了。儻如島之西南濱有一衡利島（Frederick Henryl）頗大，長百公里，闊約五十公里。因其貼近於島濱，島外視之，以爲島角，其地勢必然相連，不知其間有一窄水道。嗣荷兵官航行通過，始分出衡利自爲一島。一八七五年，柏加利博士刊其游歷日記，言素郎之東，衆山叢雜，中有一地曰道利韓（Dorey Hum）。是處一山曰莫薇得（Morait），高約三千尺。略東至赫斯（Has），高千二百尺。下有一河，曰華山孫（Wa Sawson）。土人云，發源於亞化山，流急無舟，可坐桶中，渡之至海，二百公里之遠，半日可達。惟濱甚險，亂石如齒，峭如刀劍，排列如林，桶觸之則破而溺。河寬僅二十尺，深十尺至十二尺。其地山谷多而窄，俱有支流，而地皆失載。遂登亞化山，至高六千七百尺，幸得是山之巔，近有萬尺，初在五千尺高處，留一月後，至夏潭（Halam），高三千五百尺處，留數日，乃往探別部而返。一八七六年，澳洲新南孟爾士(New South Walles)政府，建造一小汽船，曰尼華(Neva)，九月工竣，時厄爾牌的借游歷家數人聚於圖勒士海峽之東二百七十公里之欲爾（Yule）小島，作書借此汽船，入探福來河。教會亦遣其小汽船(Ellemgowan)與結伴，遂由河口溯源而上，盤繞五百公里，至南緯五度三十六分，東經百四十一度二十七分。始知源遠流長，屈曲瀠洄常闊不踰三百碼，沙岸恢雜碎石、晶石、火燒石、灰石，樹木暢茂。河口人居甚密，內地轉稀。一八八四年而後，英政府常令澳洲屬地，派遣艦隊往探，曹爾買(Mr. Chalmers)與和伯士(Mr Forbes)兩人所得尤多，見於麥包尼(Melbourne)報紙。如東盡處路易時得（Louisiade）之外，有珊瑚險礁伸出如纏，而大島東南尖，有中國海峽（China Strait），大船乘潮走過纏上，其深不過五六訥(Knots)，尤宜謹慎。訥者，行船測驗海水深淺之繩，節節挽結之數也。澳洲輿地學會皆紀之，足爲航海學術之助。

島上衆山，巍峨層疊，究竟有無活動火山，尚未能分明指出，唯常見火燒渣滓之石，想其中縱有火山，當熄滅已久。島北中間，韓保爾得灣（Humboldt Bay）上，有獨眼山（Cyclopsm），山有花紋石，見於北濱，接於亞化諸山。道利港處則有珊瑚灰石，東南濱諸山，亦有灰石，罩以晶石沙，含有金寶。且有許多沙石，常取以爲柱，或作牆基。諸濱地多低溼，天氣不爽，溫度亦高低不等，華氏表晝則或至九十五度，夜則七十五度。西南濱之東風，或雨季始於四月，盡於九月，晴則九月至四月，而北濱則反是。摩勒士拜港口，天氣尚平均，晝則八十八度，夜則七十四度，雨季由十一月至五月。

島以巴朋名，謂其捲髮種人也。其髮之捲係出矯揉造作，原非天生。如東洋女人之黝齒，西洋女人之細腰，與中國女人之裹足，同不足奇焉。蝙蝠、蝴蝶、蜥蜴、穿山甲，亦與他島相似。惟蛇則有響尾者。出口之貨有蘇木、烏木、海參、玳瑁、珍珠、荳蔻、極樂鳥、棕色鴿。入口貨則布帛、糧食。全島人民約二百五十萬，能知種植者殊鮮。草木亂生，地多荒棄，故民食維艱，須仗外糧接濟。

島中部落細碎，雖咸納貢於摩鹿加叢島泰多兒之薩爾登。泰多兒之島，既屬荷人轄治之內，則視此島，亦若其固有之附庸，忍而未發者久矣。一八二八年，荷人因兵官在杜來埔灣被殺一事，借題發揮，恫喝薩爾登，以島地須由其保護，承認一般貢賦以賂之，如作租界之例。築一砲臺於杜來埔灣之上，名曰途拔(Du Bus)。當南緯三度四十六分。又以島地太廣，諸國耽耽虎視者甚衆，故不敢公然全吞下咽，遂宣言劃島之半，以北濱白蓮角(Cape Boupland)直畫至南之圖勒士海峽，按東經百四十一度之線爲界，代薩爾登管理。至一八五六年，忽食前言，竟稱劃讓爲其屬地。薩爾登本在其掌握之中，如俎上之肉，任其播弄，安敢反抗。由是荷人放膽率隊入其西北諸部位，搜礦產以爲致富之資，然迄今尚未見其遂意也。島人雖食人有癖，然畏其礮火之威聲，遂慴伏不敢動。且其間諸小部落煩雜，語音高下，因地而殊，安能心同志合，出以相抗乎。一八五八年，荷人科學家，游歷其地，欲收集各部語音，創爲一種普通字母，以授其人，立意甚善。乃在冀爾屏克澳之西，近道利港傳教處由阿透

(Ottow)與技士禮(Geisler)兩人收輯，費年餘功力，覺其語音清濁重輕高下，不同者至有千二百種土腔之多。惟南濱諸島，與圖勒士海峽之北島濱，南岸之土人，語言尙可交通，故島之西南隅近濱處，人烟尤爲稠密。衆村之屋，雖建柱上，亦有廣廈可居數百人，荷人乃選距海百十八公里，一大廣地，曰惡連那他(Oolenata)，設一礮臺，曰北地王(King The Northernlands)以鎭之。荷蘭本國原稱北地，加之以王，示其能有專制之權。

當荷人宣布割島之北半爲其屬地時，德國教會，已遣使至道利港傳道。初設在孟星寧(Mansinam)小島上，嗣則設於安地(Andar)陸地上，雖向教之巴朋不甚興旺，而荷人不免疑懼，故先扼要以擊之，並言此半島固有主地。蓋西人習慣，欲占他人土地，恆先以教試之，得步進步，然後可藉口用兵也。惟是英之屬地在澳洲者，祇隔一海峽。況倫敦教育有分支，卽在約克角上，而英之駐劄所，亦屯兵在素買色(Samerset)上，安能坐視，默無一語乎。故英教會置有(厄聯故汪)小汽船一艘，又募數土人，爲其宣教師。往來圖勒士海峽，聯絡島濱土人，名曰宣教，實則藉通聲氣。既而則立教堂於摩勒士拜埠中。而英之輿地學會，亦派游歷家登加藤(Katan)，巴斯題(Baxter)之山，溯福來河之源，並至阿彎士登利山上，高踰一萬三千尺，擇其近處四十公里以內，以爲宣教之基。雖曰收採植物生物以資博覽，實則隱探礦質，冀可再得如澳洲金礦之區，以繼其富也。營營數十年，以爲是島之西半，既爲荷人所占，餘此東半，留以有待，舍我其誰？迨至一八八三年，澳洲昆士蘭(Queensland)政府，覺布置已密，不及再待，擬將是島所餘東半，附隸於英爲屬地，呈請其本國政府；明年女王批准，名目剛定，而北濱數部，並鄰近數島，忽皆豎立德國旗幟，其兵端卽伏德教會之中，窺伺已久，而英人不悟也。棋逢敵手，聲勢洶洶，幾將開仗，幸有調人，出爲和解。乃劃東半島之北一帶，屬之於德，計面積六萬七千方公里。尚剩南濱一股六萬三千方公里，屬之於英。畫定界限，與荷人三分鼎足，結束全島。巴朋種人，猶蠢蠢然毫無所知也。歐戰以後，德之勢力已衰，其所占此東半島之北濱，亦拱手而歸英。

新幾內亞本島之外，附屬之小島甚多且繁。其在西南者曰亞閭(Aru)，或作亞盧(Aroo)，乃一羣小島。與新幾內亞西南濱，相距八十至百五十公里，南緯五度二十分至六度五十五分，東經百三十四度十分與四十五分之間。最大者長七十公里，闊二十公里。分離數條窄海峽，水皆淺，而東向亦係一道珊瑚礁。蓋諸島之基，本屬珊瑚灰石結成。島高不及二百尺，罩以女貞樹，低地有河，盤繞穿越，頗曲折。居民雖多爲巴朋，而馬來與澳洲黑人亦雜居其間。恆入水叉魚撈蚌取珠。產極樂鳥、火雞、駝鳥、袋鼠，而玳瑁、珠貝、珍珠、海參，皆由菩及斯商人，載往新加坡兌換棉布，鐵器、兵器、火藥。有土著之教士於兩三村落中宣講勸化，聽者多無興會。此羣島之西，與摩鹿加所屬之器(Ke)叢島，相距不遠。亞閭之西北，一島曰孟慶(Woken)，上有市場曰杜瓠(Dobbo)，乃正月至七、八月暫設者。是處諸街道土人蓬廬之屋謂之蒲連(Pron S)，每年商賈來聚，皆賃其中以居。荷人、菩及斯人、馬加撒人、哥連母人、爪哇人、中國人、皆有之。盛時且至千餘人，惟無恆住者。定期開艙，以售諸周圍諸島。各種土貨，無非珠貝、海參、玳瑁、燕窩、珍珠、極樂鳥之類，並有妝飾之木料，約計每年交易，約值二萬磅，是爲澳洲北向一最大市場。僅荷教會派一使代理其政。此使來居不過數日，因諸商咸守分安靜，無所擾亂，故不勞而治。羣島之東南，又有小島曰和氣(Vorkay)，亦產有珍珠魚貨。

新幾內亞之西，有一島曰邁東爾(Mysol)，距摩鹿加羣島之北六十公里，在南緯二度，東經百三十度，長五十公里，闊十五公里，略成三角形。諸山罩以樹木，產有各色極樂鳥、袋鼠等甚夥。居民皆眞巴朋人，惟沿濱參以馬來並波利尼陝種人。奉回教。一毋拉查主之，納貢於泰多兒之薩爾登。舊時尙有販奴之事，今則亡矣。

新畿內亞西北盡處，有三大島，曰沙爾華地(Salwatty)。曰巴登他(Batanta)，曰威會(Waigion)，沙爾華地狀略圓，橫闊皆三十公里，與新畿內亞隔一窄海峽曰加利孟(Galewa Str)。巴登他在沙爾華地之北，相隔一比得海峽(Pltt Str)，土人皮膚黑色，不過其間亦有深淺之別。西人種種猜度，各家探訪，言人人殊，紛紛然如聚訟，今第言其大略可矣。以布巾擦拭其髮，絞而束之，久之自行旋繞。髯鬚雖多，亦可如法炮製。故頭上腮邊頷下週圍欒欒如黑羔皮然。臂腿與胸，有毛甚密，面多圓式，額平顙闊，眉濃睛黑，鼻若鷹準而長，鼻孔甚厚而闊，口鈍唇厚而突，身高，手足較大，脛長而瘦，語言行動，無異常人，而譁躁跳躍，不若馬來之莊嚴靜默。體多赤袒，以樹皮遮罩臀腿，以帶束之於腰，卽算堂皇冠冕。頭上恆以巾重重包裹，似恐其捲髮之美，爲他人所慕也。女人之髮，常束作大髻，簪竹梳骨片，或鳥羽，及別種之飾。或剪短其髮，蓬蓬然。或僅剪其頂髮熨而捲之。惜乎膚黑如漆，不可柄以脂粉也。遂畫其皮。以長疤痕，或以紅炭燙之，或塗以各種之土，或畫其面與胸臂，作紅黑記號，眞刻畫無鹽，以便與其黥刺男人相配美麗。齒皆銼尖，庶展瓠犀一笑，可以傾城傾國矣。耳鼻頸臂皆有飾，先用骨或小竹枝或羽，穿鼻孔之梁，以兩野豬牙鑲其端爲鐺，垂於唇外，耳鐺尤大，頸與臂則束以帶，綴人類之齒牙脊骨，卽當瓔珞臂釧，眞母夜叉之怪狀。惟見生客，則羞澀畏避，猶是婦女怯懦常態。小兒當孩提幼稚，卽習游泳，故皆熟於水。所居之屋，多在海濱河畔，或架以竹，或建於柱上，約略水村風景。北濱亞士都洛拉灣，則有低牆瓦屋，亦有於空心樹幹外，結其蓬廬。村外有以人類顱骨陳列，以爲壯觀，似表其食人實跡。而所食則豬、狗、鷄、鴨、袋鼠、螺蚌、魚蝦、蜥蜴、以鹹水代鹽煮之。種地皆圍以籬，防野豬之害。產甜薯、大薯、香焦、甘蔗、椰子、麵包果、芒果。無酒。不知栟櫚汁蔗汁蒸釀之法。軍器有矛弓長槍，並一種硬木滾球，雕刻精緻，餘則火山石之刀，硬碧玉之斧，似歐人古時石器時代所有者。又特用一竹筒，吹風火於空中，以爲警告他方人民軍號。今日火器盛，此種兵械皆可廢矣。其居處有所謂廒房（Kahpaugs）者，村也。聚其族，以老輩爲頭人。頭人有特別裝束，居大屋，且有多妻。嫁娶議價，女家以奴貨糧食陪媵，用樂工送交新郎，供歡樂，吉凶皆演樂歌，唯慶祝樂以鼓爲節，歌則大聲如讚頌，如梵唄。亦有跳舞，具各種特別妖冶裝飾。各村皆有一小廟，所奉偶像不一，而無特別搆造之大廟，不知其屬何宗教。叩之土人，則云：係至尊之造物（Supreme Being），常在天上雲中，此語尚合太古以神道設教之意。希臘埃及之古教，印度之婆羅門，皆同此意。可見上古王代廣被而無外，自老子傳道德釋迦說清靜而後，耶教回教，竊其餘緒，遂有宗派不同之爭競。西人但具一孔之見，轉以虛無怪誕目之。然性情頗覺聰穎，能計算，識星躔，以陰歷扣計十二月，各有專名，有時且作十三月，是積餘爲閏也。以衆星與列宿之座，分別四時。覩其外貌甚醜，不意其中實有美質。人固可以皮相耶？

新幾內亞一島，幅員廣大，其人種雖皆巴朋，究不免有參雜。馬來人、波利尼陝人，即在毘鄰。時來貿易，作公平之交易。其人雖皆墨黑一色，亦有濃淡之殊，即面亦有差異。南濱圖勒士海峽之上，有巴朋海灣（Gulf of Papua），至東角（East Cape）一帶之人，多淡墨色，骨格頗似歐人。情性溫和，似可入於教化。由東角轉至北濱亞士都洛拜灣之人，淡黃棕色，或濃棕色，亦有暗墨色。頭髮雖與巴朋相似，其間當有波利尼陝參雜。摩勒士拜港口，至於莫圖（Motu），似馬來與波利尼陝遺種皆有之。惟莫圖之人，能製陶器，性懶惰，汚垢不滌其體，村居亦不清潔　其東向略遠，有胡得灣(Hoods B.)，其民勤敏，諸村街道修整，常爲打掃，且有花園種花，近淡水灣(Freshwaier B.)，愛林馬(Ilema)之人，皆嗜色，似眞巴朋，能造弓箭矛盾鎚斧，及池種軍械。黥刺之法，由其傳授，建屋柱上，不過方丈，伸臂爲度。能別樹木花卉之名，其知識不亞歐人，非嗜色巴朋之所及。是島西北隅，又分爲兩半島，統謂之巴朋阿寧(Pupau Onin)。在北者曰阿寧的巴華(Onin Dibwa)，是爲下阿寧(Lower Onin)。在南者曰阿寧地他(Onin diatas)，是爲上阿寧(Upper Onin)。其中土人皆兇猛，馬來羣島之喜及斯人，阿連母人，至其地西濱交易，而軍械不敢離身。據云：若貨價所議不合，則起釁械鬬，往往爲其所殺，不知凡幾。北濱與內地沙爾華地(Sawatty)及道利港之間，其人民皆謂之加辣斯(Karaus)，言其能食人肉也。冀爾屏克灣西南方旁岸之人謂之旺打孟(Wandamen)，亦作凡打孟(Uandawen)，言係精細高種之民，南則湯故(Tarnga)，向東則亞路蒸(Aropen)，更東至韓保爾得灣，其間，亦有加辣斯之稱。食人之說，似未必果有其事。不過因其舉動野蠻，似無人心者，故謬加以號。西人此論，似較平穩，然種種圖謀，奪人土地權利以自肥，使人恨及切齒，吾不知其人之肉尚足食否？抑何不知自反哉。

是島近於赤道，風雨有時，土地肥沃，草木尤易生長。出產之富，不亞於馬來羣島。而女貞樹甚密，高大參天，其稠疊之葉，恆蔽日光，一種陰翳慘澹之景，到處皆是。槐樗之類亦多，香樹、肉桂、荳蔻、鐵木、烏木、檳榔、沙貢、椰子、麵包果、檸檬、香焦、並及他種果樹，無不豐茂，竹與甘蔗，尤其次焉。無花果、菌類、鳳尾草，無不到處蕃昌。生物則袋鼠之屬，大者七種，小者七種，其後足有爲蹄爲爪之別，或能緣樹食果，如獼猿松鼠然。極樂鳥約二十餘種，不過毛羽彩色之殊，驚分五色，於茲益信。鸚鵡、翡翠之類，亦不過大小毛色之別。鴿類最繁，有一種棕色，頭上之羽高聳，即鶡也。惟未見猿類及他獸耳。野豬之外有一種海豬，謂，詩他舍（Celacea），獸身而魚類，胎生之物，首如貓，無耳亦無頸，大如豕，前兩翅，內有骨節指枝，如鵝鴨之掌，不甚分明，常在海中、捕魚爲食；齒極利，無後股而魚尾，其尾亦可曲之，以代後股，徧身毛而不鱗，常結隊戲於海濱；若取其皮，謂爲海龍，取其臍，謂爲膃肭，實則鯢也，俗異其名耳。吾國北海亦有之。長省多山之島，東西長八十公里，闊二十公里。其濱缺處，甚有深海門數處，島上諸小山，皆粗頑，無高峯巒，在北者皆硬晶石，在南者則珊瑚灰石。孔隙之間，多雕刻奇怪偶像，全嶴密樹。其特別者，產兩種極樂鳥，一頗大，一毛彩最美，爲他島未曾有。居人雖屬眞巴朋，然由及盧盧並週圍諸島遷徙來居者亦不少。語言尙與沙爾華地之土人同。主治有一小毋拉查，屬於泰多兒薩爾登之下。每年須貢其特種極樂鳥、玳瑁、沙貢。威尊一島，亦在沙爾華地之北，相隔一海峽曰談彼兒（Dampier Str），闊三十公里。三島之旁，附有衆小島，礁石甚衆而無名。

冀爾屏克灣入口之東，有兩大島：曰邁素兒（Mysore），曰雞婢（Jobie）。並兩小島，曰馬湖（Mafoor），曰密士奴曆(Misuomia)。邁素兒或謂之威廉士楚登之島（Wiliam Schouten'slsland），適當冀爾屏克灣口爲東西兩地角之中。距新幾內亞之北濱八十公里，東西橫長七十公里。其中央有一窄水道，獨木小艇可穿越而過，分爲兩部。其土人稱素克(Sook)與卑克(Biak)。島上有幾許美麗有冠之鴿，非鶡即鶓。並有一種大鴿曰郊拉（Joura. Victorioe），自啄至尾長二尺四寸，藍灰色，背與翼黑而帶紫棕色。翼有一行白色，頭上之冠一撮，白色絲質，細羽茸茸，直豎如絨花，態狀極雅，爲是島所特產。是島與馬湖小島之居民，皆屬巴朋。今見於他處島濱者，咸謂之馬湖種，是其遺裔。雞婢在邁素兒之南，已入糞爾屏克灣之內，當南緯一度三十五分，東經百三十五度四十分至百三十七度。東西長百公里，最闊處二十五公里。與邁素兒南北相距之間，即謂之雛婢海峽。沿濱居民皆馬湖巴朋，內地則野種食人之類。兩者互相爭戰，連年不休，各有俘虜，以誇能事，實則同類相殘而已。產三種極樂鳥，與他島無異，其有冠之鴿，雖與邁素兒同，而無其特別之一種。糞爾屏克灣中，南向東向，尙有差小數島而無其名。

糞爾屏克灣口之西，有晏排奴角(C Amberuoh)。其東有一同名之島。更至寶白蓮灣，即東經百四十一度，荷人畫界之處。其外有虎島(Tiger'l)。虎島之東北一叢小島，在北者，曰康買孫（Commerson)，在南者曰摩地（Matty）。在東者二：曰晏曾力得（Amchorite)，曰赫密（Hemit），餘無名。寶白蓮灣再東近濱處，又有小叢島，曰士楚登（Snouten），曰浮爾牽（Vuleau)。其北則與亞歷爾地（Admioalty），叢島遙接。再東有島曰談彼兒（Dampier），即在亞士杜洛拉灣口。灣之東有長島（Lorg l），有鴉島(Rook l)，則與新不列顛(New Britain)接近。轉而南，繞庫利丁（C. Cpotns）之角，即項海灣(Houn)。灣之東南，即路易氏得叢島。

論曰：昔人避秦，聚居桃花源，與世不通音問，可謂得計矣。詎知漁父既能刺舟而入，厥後再訪，已迷處所。此陶隱居之寓言，安知不有復繼漁父之後，再三再四以訪之，則其地必不能縮而走避。巴朋羣島，散布海上，非若蓬萊方丈，有弱水以繞之，使人望而不可即也。縱有食人之號，然虎豹固明明能食人肉，勇夫能搏而擒之，獵人能圍而刺之。況爲衆矢之的，豈能倖免乎？西人合數國之力，聚精會神，以舉其地，航海家測量以圍其外，游歷家探訪以窺其內，而宗教家則宣講以誘其民，率之不用干戈，不費礮火，居然三分其地。尤異者，巴朋黑種，知識有限，各自爲羣，既乏聯合之力，亦無抵抗之方，而島地喪失，尙在馬來羣島之後，因其間之出產無多也。非然者，早已生吞活剝去矣。澳洲之地，荒昧尤甚於巴朋，惟金礦易於發洩，遂有先入而主之者，吾於巴朋又奚咎哉。

第八章　路易氏得羣島

新幾內亞之東盡處，有羣島焉。曰路易氏得羣島(Louisiade Archipelago)，在南緯八度與十二度，東經百五十度至百五十五度之間。又分爲二，一向東南，其大者曰摩勒士拜，同名之埠，卽在其處。從前疑與新幾內亞聯合爲陸地，後經英船主摩勒士拜測量穿過，乃知係屬分散諸島，故以船主之名名之，以誌其功。是島長約數公里，其上諸山羣起，最高之峯曰菲兒化司(Eairfax)，高一千三百四十尺，餘亦千尺上下。居民淡黑色，諳爲馬何利巴朋(Niahoori Papnan)，善種植。相距分隔之間，各水道皆淺。其旁有兩島：曰懿題(Hayter)，曰巴氏力士(Basilisk)。餘多無名小島，纍纍然趨向東南略遠，有略大者曰意寧(Aignan)，狀略圓。曰毋路色術(Rosse)，長二十公里，上有山高二千五百尺，樹林稠密，聚有千層石綠石。曰東南島(South East Is)，長四十公里。此三島居民，卓鼻捲髮，皮膚暗色，穿巴朋服式，禮無黥刺。建屋爲隧道，長三十尺，闊十尺，地板起於地上四尺。用石斧爲兵器。外此有兩島：曰博林唐(Poklicgton)，曰毋厄爾(Wells)，一向東北，乃分隔窄水道之三島。最大者曰姑登繞(Ccodenong)，在於西北，長約九十公里，上有一山甚美，高七千尺。次曰斐甲孫(Fergusson)，在中央，高六千尺。再則曰那孟拜(Normanby)，在南，略有高峯。諸島與新幾內亞分隔一深海，近於東角(East C)十公里，並摩勒士拜角十五公里。其上多樹木，人民皆馬何利巴朋。北有馬行(Mayon)，亦謂之伍得拉克(Woodlard)，土人皆暗黑，巴朋有法國羅馬教師住其中，宣講多年。此島外，又有一島曰都洛蒲林(Jrnbrand)，環圍之間，礁淺甚多。馬行之西，亦有一島曰陸生器（Losachay），皆圍於新幾內亞之東。在其北濱一灣曰亞克闌（Acland B）之外。新幾內亞南濱，圖勒士海峽進口處，有一小島曰迷兒(Mear)，或稱爲買蒞(Marray)。其居民係從新加利唐寧羣島（New Balcdanians)遷來，名以迷兒，弗忘所自也。

論曰：歐洲諸國，爭設海軍，非徒然以壯外觀，亦非徒然以備外侮，實欲藉知海外之事，以展國議，以固國防，以裕民生。無事之時，揚帆鼓舵，游弋四出，測量探訪，冀有一得，以慰羣情。是以英荷兩國，能占亞洲諸島，得爲屬地，較其本土大踰十倍，其利且踰百倍。故其航海之篙師船主，每見一新地，勘驗數四，雖山頭地角之高下，沙痕水線之淺深，無不週旋省視，而後名之以名，或即己名名之，傳播諸國，而人亦許其所名，留以爲誌。國人因之，咸知海軍之成績可貴，不待爭戰，已卜勝算之可操，爭出資以助海軍之根本，海軍益壯，而國利亦益大矣。

第九章 亞摩老地羣島

亞摩老地羣島(Almiraty)譯意爲海軍高級之軍官，或稱爲司令是也。以之名島，乃其所屬之船主誌之，以尊其主將也。羣島在南緯一度五十分，至三度十分，東經百四十六度十八分至百四十七度四十六分。零星小島，約四十餘座。距離新幾內亞百六十公里，由西北繞東南以向南，最大者在中，東西長五十公里。上有衆山，高一千尺。天氣熱，地氣溼，樹木密，椰子尤盛。一六一六年，荷人始見之，一七六七年，加禮勒（Calleret）至其處，爲土人所攻而退，惟以亞摩老地以名之。一八七五年，有博學家隨艦隊至，與島人交通，探驗數日，由莫西利（Mr. H. N. Maseley）新聞紙傳布，世人始得知其中情況。土人十中而九，高五尺五寸，色棕黑甚暗，亦有輕色而微黃者。髮如巴朋式，以巾擦而絞之，或紐而伸縮之，遂自捲如螺旋。鬚稀少而無鬍。臂脛皆瘦，有黑色捲毛。鼻卓略如巴朋，而語言特異。所衣以樹皮遮罩下體，女人則以兩束草。束一帶於腰。建屋地上，長二十尺，闊十尺，圍以短垣，或編以木。較大之屋，門楹多刻偶像，則廟宇也。男人穿飾以貝殼，齒牙鑲爲環，繞項懸於胸前，而鼻亦有飾以玳瑁之環，或編人骨，爲腰帶臂釧。婦孺老人皆剪短髮，少婦則蓄長護梳，或裹布巾，有時藏以羽。男人胸臂皆書疤痕，女人則黥剌面及上體，以眩美麗。嚼檳榔或菸葉，食沙貢、椰子、香蕉、甘蔗、豬魚，袋鼠與鴿可於夜間捕之。捕魚則用網與椿，亦有以殼爲餌而釣。鑿空心之樹爲小舟，旁加一枋，跨艇出於外，以配平均。無五金貨，用骨或殼爲器具，尋常所用之斧，或以珠礪之殼，磨其一邊爲鋒，以代短刀，可斷繩索。取火山硬石爲大斧，或火山晶石爲矛頭，軍械無弓矢，以長矛手擲之，或拋砣，或執杖棒，常與各島巴朋戰。刻木甚巧，雕鏤精緻，膠黏組織，如圖畫甚美，婦女待客殷勤，多妻之俗，頭人爲最，其權力可知。未婚男女離屋而居，樂器用海螺殼，以竹爲笛，編三、五竹管爲排簫，並長圓之鼓，亦足自樂其樂也。其東有兩島，曰馬斯亞（Mathias），曰士快利（Sghally），轉其南向與新幾內亞，北濱士楚登島遙接之間，纍纍小島，甚衆而無名。

論曰：斷髮文身，雕題黑齒，狠臕裸國，積習相沿，較之混沌畫眉鑿竅，尚不失爲人類。至其一切創造，就地取林，因陋就簡，天眞未泯，不得謂其毫無知慧也。故西人雖垂涎其地，猶反覆愼重以探測之。倘果無利可圖，即獲之如石田，安用費其力，是以遲遲而未發耳。

第十章　新不列顛與新爾蘭雙島

雙島相對如門，側置於太平洋之上，雖取名於英島，而其狀實與英愛兩島絕不相類，是因無名而強名也。新不列顛(New Britain)在南，當南緯四度至六度三十分，東經百四十六度至百五十二度三十分。長三百公里，闊三十公里，面積一萬二千方公里。在新幾內亞之東北，相距談彼兒海峽(Danpier Str)與鴉島，闊二十公里。一九一六年，媚兒(Le Maire)與士楚登始見之。一六九九年，談彼兒則往探之。島上多山，岡巒重疊而爲谷，繞以淸水溪澗。北有活動火山，噴烟吐火，終日炎炎。人居稠密，樹木暢茂，椰樹尤富。土人體壯健，皮膚黑色，鼻略扁而捲髮，善修飾，以美色之羽插髮。女人裸露，剝綠樹枝之皮爲繩條，縛圍於腰，新愛爾蘭(New Inaland)，在新不列顛東北，相隔一志阿渚水道，在南緯二度四十分至四度五十二分，東經百五十度至百五十二度。長二百公里，闊十二公里。島上諸山、高舉二　三千尺，強半灰石，富樹木。一八七六年，澳洲教會莆伊郎(Rewag Brown)偕艦副衛奴裴(Hanouer)曾入探。島人高約五尺六寸，男女皆無黥刺疤痕。膚色暗棕，亦有輕色者。以壳與玳瑁爲飾，如亞壓老地土人，然不飾其鼻。屋皆低小茅廬，長八尺，闊僅五尺，無席與器具。有較大之屋以處少年男子之未婚者。頭人頗有權力，分人民爲兩等：曰馬拉馬拉(Maramara)，曰碧加拉巴(Pikalaba)，同等婚配則有禁。女子須閉置籠中數年，籠以大栟櫚葉編之，有老婦伴之，置籠於大屋之旁。大屋圍以葦籬，諸女日出一浴，男子可隔籬窺之，燕瘦環肥，聽其擇選，能相悅卽可成婚，遂脫樊籠營巢而居。衆廟供有神像。獨木舟之兩端，雕刻精緻。軍器無弓矢，有長槍飛砭。新不列顛之濱，有寬灣（Neide Bay），其人輕棕色，有用盾者，各地人民，面目妝束略同，而語言多互異。曾於新愛爾蘭茅廬中，見一燻乾人類之手，並三十五個人類牙床之骨，似係巴朋遺種，食人肉之性，尚未盡改也。其間亦有參雜馬何力人種．食香蕉，薯芋，產栟櫚、椰子、甘蔗、麪包果、芒果、袋鼠、火雞、豬、狗、與鱉。鳥類雖多，無極樂鳥。蟲類尤繁，蝴蝶顏色尤麗。兩島週圍，多珊瑚淺礁，蒲母郎於兩島間，約克公爵島(Duke of York I)設傳教所，以土著教師為主講，聽者進化頗速，勝於波利尼陝種人。是島長十公里，多樹木，善種植，風景亦佳。新愛爾蘭之西，有一島曰新衡奴裴，以艦副之名名之。然英美俱有此同名之地，惟此則在南緯二度三十八分，東經百五十度。東北距新愛爾蘭僅隔一窄海峽。新衡奴裴之東南，有小島曰森母亦次，兩大島南北對峙之間，成一大海灣。灣中有數小島曰佛蘭次（French I），新愛爾蘭北濱以外，有漁人島(Fisher I)，齊力登二島（Gerrit Deng I），並無名更小數島。齊力登島之東有亞伯加力(Abgaris)數島，或謂之非得叢島(Faed I)。新愛爾蘭之東有志阿渚角即約克公爵島。其東則有夏地島(Hardy I)，並無名數小島。

論曰：東洋舊俗，男女同浴，積習相沿，非在婚媾。互市後，恐西洋人見之以為不雅，遂以竹簾或玻璃牕隔之，以為防閑之具，不知轉以觸目也。西洋之俗，女子既長，則設跳舞會，當廣衆中，愬壯男入，相假抱以為樂，然後議婚。而此則置男於廣屋．籠女於外以闞之，若率鳥之雉媒焉。各有所偏，不足怪也。蓋男女相悅，自由婚配．誠王道本乎人情所見許也。若今日自由婚嫁，明日自由離異，又將何辭以解乎？天下事有一利卽有一弊，可謂夫婦之道苦矣。

第十一章　所羅門羣島

所羅門羣島(So Lomca Is)在南緯四度五十分至十一度九十分，東經百五十四度，至百六十三度，乃兩行排列諸島，由西北斜舒東南。各島狀不等，大概長百二十公里至百五十公里，闊二、三十公里而已。最大者曰部干維爾(Bougainville)，亦謂之布家島(Banka I)，其北尖距新愛爾蘭南尖之東百三十公里，其後隨以三島，曰喬斯術(Choisel)，雅斯倍爾(Ysebel)，馬蒞他(Malayt)，三者相隔諸海峽，寬十五或二十公里。離喬斯爾之南，又有三島與之並行向東，曰志阿者，誇打堅那，山姑力洛和，略過於馬蒞他東南百公里。志阿者與誇打堅那、東西相隔之間，有一小島曰辣西爾(Russel)。馬蒞他與誇打堅那，南北相隔之間，亦有一小島曰晏納何爾(Anndbal)。一六六八年，西班牙航海家孟登那(Mendana)，船經是處見之，分別而爲之名，嗣後無有謁者。島人聲名惡劣，近之恆有戒心，惟以艦隊護傳教之船遞之，始克漸通消息，設一木商市場於生姑力洛和島上之馬器拉(Makira)。諸島多山，部干維爾有山高一萬零一百七十尺。馬蒞他有山高四千二百七十五尺。誇大堅那有山高八千尺，並有一活動火山。生姑力洛和有山亦高四千一百尺，皆罩以嘉木。土人爲巴朋類，黑色而矮，肢體壯健，髮捲如羊毛，形類粗頑，非半裸即全裸。酷嗜妝飾鼻飾，穿過其梁之隔膜或鼻孔之旁，點綴許多異狀。耳則穿耳珠，拉而長之，鑲以珠貝或玳瑁，圓片之飾，徑至三寸。項環頸帶，以白片殼爲之，鑲以玳瑁，或牙齒，或珍珠，臂釧亦然，無別於男女也。軍器則弓、箭、矛、棒，亦用柳條編盾，飾以各種之殼，甚美。建屋以竹爲牆，通以門，大者廳堂，小如船艙，皆寬而高，雕刻加漆。獨木舟則昂其尾，無縫纜，編以薄板，狀亦雅。並有獨木大艇，足以備戰，精刻而鑲以殼，髹以漆。又染草葉爲縚總，較畫舫尤精彩。英人吳德(Mr.B.F. Wooa)言，南方諸海島人，視此戰船，甚爲寶貴。所食麵包果、椰子、魚肉，所用木碗頗精緻。尤喜跳舞，歌唱之聲，亦和諧可聽。惟殺人爲食，則恆有之。馬器拉雖設傳教所，土人皆仇視之。艇船水手，有至其處，常遭殺害，並仇及於木商。一八七二年，毋勒力克(Edward Redlick)船主，見有裘人而食，駭焉。英駐劄所牌利(Nrperry)笑云：子眞少見而多怪，我在此數年，已見二十餘次矣。且觀其諸屋脊之上，堆疊生物骨殖，多以人之顱骨爲頂，餘事可知也。其風之蠻悍，僅就生姑力洛和島上一隅而言，已屬如此。故西人咸畏縮裹足，弗敢徧探其諸島，自莫能悉其情狀。所產木料最多，蘇木、烏木、橙木、柄木之外，鳳尾草亦成樹，高至三、四十尺。有木曰力南非拉(Lignwnurlse)，高三十尺，幹之大不過十八寸，皮有淡綠色之脂湧出，可爲藥料，治瘠毒風溼諸症。木中心最佳者，經約八寸，質堅而韌，色暗。或有淡綠微帶棕色者，紋細密而結，以爲轆轤，及船上滑車之輪，甚爲合宜，故西人重視之。獸類則有羅力斯(Lolis)者，小猨也，頭圓嘴尖，眼圓而鉅，大僅如貓。亦有更小者，四手無尾，晝則緊抱樹枝之上而睡，身捲如蝟，藏頭於腹下腿間，毛密而軟，茸茸若球，似爲猿之一種，食蔬果，夜醒，走動遲緩，善於偷竊，若捕蟲鳥則甚捷。禽類則有角喙(Hornbill)者，大如火雞，小亦如鵲，喙大而長且彎，頭有角質之冠，橫頂若一牛角，尖端仰於額上，翅大，尾有翎如雕，或謂爲犀鳥，非也，似爲鴉之一種。印度非洲多有之，惟此諸島，則有紅色者，南方朱雀，殆其類歟！鸚鵡白色而大尤繁，餘則約與新幾內亞叢島之所有同。包曾非爾之北，一道小島，遙與新不列顛之腹地島相接，皆無名。其西與南，所圍無名小島亦衆。馬蕊他之旁有三小島，在北者曰郊兒(Gower I)，在東者曰市慶那(Lihiana)，在南者曰狎爲呵亞(Nlana)，志阿者之北一行小島，接向喬斯爾之西，曰毋郎囊故(Ronongo)，餘無名。喬斯爾之西一小島，曰衡莽(Hammard)，山姑力洛和之西南有二島，曰伯郎那(Bellona)，曰毋速尼爾(Rennel)

此外尚有零星小島，錯綜近在諸島之旁，皆無名。

論曰：物有相制，人有相畏，雖弱肉強食，亦視食之果有益於我否耶？新幾內亞之巴朋，祇因食人著名，西人竟費數百年之力，周旋省視，知非其確。黔驢之計既窮，遂噬而呑之。此則明明知食人之實事，是以皆望而卻步，不敢入探其中。祇因有嘉木之利，又不忍決然捨棄，如嘗雞肋，蓋畏其人之蠻悍，蠻悍食人惡習，原為天道人道所不容，反因之足以自衛，豈不異哉。

第十二章　聖大克盧斯與班克斯及新赫布里底三羣島

所羅門之東南，太平洋中，小島繁衍，有名無名，如萍如粟，或大或小，散諸海上。航海家探之有未詳，輿地家紀之多未盡，不得已，就其附近若干座，牽強而謂之羣，藉資易於辨識耳。若聖大克盧斯(Sta. Cruz Is.)，班克斯(Banks)，新黑布里底(New Hebrides)三叢，皆在南緯九度至二十二度，東經百六十五度至百七十一度之間。一六六八年，西班牙船主孟登那(Nendana)始見之，由是陸續往探者，不乏其人，皆未能得其實際。一七八八年，拉牌毋盧斯(Laperaise)之船失淺，破壞於樊尼柯洛(Vanikaro)島旁，後來者引為前車之戒，咸弗敢至。一八七二年，英人船副馬克衡(Markham)，從南向入探，略經數島，著論一篇刊之；歐人始克略知其中情狀；以為得未曾有，是以躡蹤繼往者，又復有人。然衆說紛紜，詳略不一，所指島名，恆多互異，卽言經緯，亦有參差，按之各地圖，或無或有，頗難折衷一是。今約分別言之。三叢島地，分散海上，各距六十公里。在北者為聖大克盧斯，或謂之尼登地(Nitenti)，當南緯九度十七分，東經百六十八度四十二分。樊尼柯洛，當南緯十一度三十七分，東經百六十六度四十九分，卽(拉牌毋盧斯)失事處，或以破船之名以改島名而誌其恨。聖大克盧斯地雖差平，有火山曰丁那甲拉(Tinachlaa)，樊尼柯洛島上則有沸泉，蓋火山帶所經也，故其外有珊瑚淺礁。兩島南北相距之間，有一小島曰除巴(Tupna)。聖大克盧斯之北，小島衆多，統謂之馬登馬(Matema)，或謂爲燕子衆島(Swallow Is.)。樊尼柯洛之東，有三小島，曰亞繞打(Anonda)，華他加(Fataka)，圖庫被亞(Tucapia)。此外達夫(Duff)一小叢。或言達夫與燕子兩叢係屬獨立，不在此叢以內。又有兩小島，曰市毋利(Bherry)，曰邁題(Mitrc)，各家輿圖多失載，似所漏者尙不止此。

在中者曰班克斯，最大島曰危士牌圖森圖(Espirlth Lante)，當南緯十五度，東經百六十七度，南北長八十公里，闊四十公里。一六〇六年，魁路(Quiros)船主卽見之，而命以名。島上多山，皆不甚高，多樹木。次則馬力柯盧(Mallicalo)，在南緯十六度三十分，東經百六十七度五十分，長六十公里，闊二十公里，面積六百方公里，山巒重疊，自北而南，有一峯高二千六百五十尺，泉甘土肥，罩以密樹。兩島之東有數島，自北而南，排列一串，曰買毋拉拉巴(Meralcha)，高二千九百尺。曰奥路拉(Anrora)，或作媚和(Mawo)。曰亞拉(Arag)，或作班得恪士(Pentcst)。皆長三十公里，闊五公里，高二千尺。曰嬰牌(Ambirr)，高三千五百尺。曰衣碧(Epi)，亦略小。曰唐古亞(Tongoa)。曰媚(Mai)，曰馬庫盧(Makurh)。曰紐那(Vguha)；皆小。曰依帛(Ebat)，或作森達威池(Sandwich)，則略大。其上庫克(Cook)，設爲埠，謂係美港。厄士牌力圖森圖與奥路拉相距之間，有一島曰阿巴(Aoba)，或作利牌士(Lepers)。由此而北曰假那(Gana)，或作馬底亞(Ltmaria)，略大。曰樊那拉哇(Vanna Lara)，高二千五百尺。曰莫他(Mota)，高一千二百五十尺。曰華拉(Valna)，高一千八百尺。曰華圖毋連地(Uaturhandi)。諸島之西，又一小叢曰亞巴巴(Ababa)，或作杜勒士(Torres)。在南者爲新赫布里底，此一叢之稱，或割班克斯之南數島以並之，或拉其南新加利圖那(New Cale Povia)

一叢以合之，牽強附會，疆界游移，轉覺不大分明。今分析言之，實僅五島，在南緯十五度與二十一度，東經百六十六度與百七十度之間。由西北北至東南南，約跨四百公里。最大者曰兒路莽故(Erromongo)，地低無山。有一港曰的羅力灣(Dillorispay)，可爲停泊所，居民不過二、三千。近今百年來，西人有欲圖其地，先以傳教誘之，而教士被殺者數矣，有名者如威廉(William)。次島曰談那(Tanna)，在南緯十九度三十分九秒，東經百六十九度二十七分七秒，長八十公里，闊十公里，一火山在其上，恆活動。居民不及萬。一埠曰堅決(Resolution)，要港也。再次之島曰鶯尼達(Aneitymn)，或作鶯那唐(Annatom)，在南緯二十一度，東經百七十度，周圍四十公里，人民不及二千。有山高三千尺，罩以樹木。要港曰鶯尼爾鑑夏港(Anel Canpat Hardaar)，停泊固善，惟不能遮蔽西風。此外兩小島曰亞尼華(Auiva)，曰浮譚那(Eutnna)。新赫布里底之人民，巴朋與波利尼陝兩種參雜。馬力柯盧與兒路莽故之人，形狀矮短，黑而粗醜，談那之人雖似之，尙帶笑容。聖大克盧斯諸島，與森毋亦次埠之人，則略高。樊那拉哇之人矮而胖，不甚黑，頗似澳洲人，皆完全赤袒，亦有裂樹皮之條以圍下體。所建茅屋甚劣，僅一屋頂垂罩至地，無作三角形，或有內鋪地板，開門在旁。其男女恆被人誘騙至斐濟(Fiji)羣島充奴僕乳媼，兵器不外弓、箭、矛，棒，近今亦用鳥槍、手槍。從前食人肉以爲美味，近澳洲教會遣十一教士分駐各島，宣布教化，降貶其嗜欲，歸於基督教者頗多。四、五十年以來，已無殺人之事，可見教育似亦有益。新黑布里底區區五島，其人語言，所說不同，竟多至二十餘[illegible]各自分別，非僅土腔，眞如希臘之與英語矣。談那一島，竟有六種，不能互通。然新赫布里底今[illegible]貿易首地，無繙譯以通其語，土人卻能以意會之，是亦天性自然之妙。產棉花、椰子、葛粉、[illegible]頗用捕鯨船載之出口，轉貨於他處。英人杜路洛伯(Trollape)見此種人，爲工作於澳洲昆

（Queenland），頗勤慎，知非眞無用者，遂至其地，導以開墾種植，並縫級其自己之衣；鑑伯爾（Emabbell）又繪各種圖畫，啓其心志，而野蠻之性，遂積漸而革除，誠有合王道焉。

論曰：三羣島嶼，地勢零星，人種錯雜，荒陋已極，探訪爲難。先時西人欲由其北聖大克盧斯而入，未得要領，嗣英人由澳洲出發，由其南新赫布里底而入，其所知亦只如是，於是北向之一羣，仍不能十分洞澈，探訪之難可知。輿地之學，亦非易易，無怪乎吾國未聞能向海外測探一新島，以啓各國之新知識也。世乏識途老馬，而望驊騮開路，吾謹濡筆以俟之。

第十三章　新喀里多尼亞島與羅亞爾特羣島

新喀里多尼亞（New Caledonin）一島，在新赫布里底叢島之南向，斐尼遂島之西南，相距二百五十公里，西距澳洲東北尖七百二十公里，當南緯二十度，至二十三度三十分，東經百六十四度，至百六十七度。由西北斜向東南，長二百二十公里，闊三十公里，南北兩端盡處，僅闊二十五公里，面積六千七百十八方公里，周圍皆珊瑚礁，由岸南濱伸出五至十八公里，繞轉向北尖盡處以外遙遠，幾有島兩倍之長。島上多山，數峯高舉四、五千尺，韓博爾得山則高五千三百八十尺，或言中央一峯最高，且至八千尺，未測其實，不敢信也。諸峯奇偉，多有像形，山脈分支，岡巒重疊，東濱之景尤勝。北向一谷，幽而美，饒有畫意。天氣多晴乾，而較冷於他島，因離赤道稍遠，地質亦燥，雖無火山，而濆滓石、灰石、泥石、麻石、蛇紋石、晶石甚多。礦產有金與鎳，其額不甚富，銅苗則富。南方諸山皆童然，惟有矮樹及櫟、栗、松、柏之類；而北方谷中，則美樹嘉木甚密。一種香樹曰尼阿利

(Niaouli)，四人重視之。獸類惟鼠，卽袋鼠亦無。鳥類無特別奇異，惟鷺鷥頗多，黑白大小不一。土人數約七、八萬，乃巴朋之尤，捲髮大鼻，皮膚暗黑，似談那之人。建屋甚固，圓頂高敞，農工亦善，種芋、蕉、蔗以爲食，灌溉甚勤，諸村椰子、芒果、麵包果、野葡萄滿焉。無衣服，頭裹以巾，下體則以布一塊跨護前後，或用樹皮裂條以遮蔽。有樂器，截竹數節，長三、四尺，通其中，吹之鳥鳥然。習俗多妻，而女子之數特少，不足以相配，致壯男因爭婚互鬥而死者甚衆。一七七四年，厄士慶(Eskiua)船主庫克(Look)始見此島。一八五三年，法人取而占之，謂爲屬地，設首邑於島之西南曰南迷亞(Numea)，駐各國白種之人千餘，戍兵七百，虐用其民，使修道路，建礮壘，造燈塔，並公共處所，罰犯人爲苦工，開咖啡菸葉棉靛之種植場，收甘蔗設製糖之廠六。又於保拉得港口置銅礦工作所一，復課以飼畜牛馬棉羊。其羊毛之質，可稱佳品，牛之孳息亦蕃。法人之利獨握，而土人則赭衣相望，動輒得咎，被罰者不計其數。一八六九年，流配犯人之數，約至二千，迨一八七二年，法人以權勢分島地爲教區，民益不堪命矣。一八七八年，土人羣起作亂，襲殺其駐劄所白人甚衆，嗣而法人以礮火克服之，土人死者枕藉，殆將滅亡。是島之北，亦有一港曰屏生得，其外一小叢島曰卑勒白(Peleh Is.)，再北曰法人礁(French R)，更北曰項島(Huonl)，皆珊瑚礁所起伏也。是島之南又有一島，曰平士(Pines)，或作堪尼士(Kunia)，橫闊八公里，亦珊瑚礁所墳起者。中央一高原，出於海上二百五十尺，產蘇木、檀木，從前商人往販，議價稍不平，恆遭殺戮，今則法人以爲流配犯人之所。羅亞爾特羣島，在新喀里多尼亞之東，相距七十公里，一行三島，曰阿非亞(Oovea)，或作尼亞(Nae)，曰列富(Lifu)，曰馬爾(Mare)，皆珊瑚礁墳起者。統合面積八百三十方公里，人民四、五萬。阿非亞最小在北，列富最大在中，當南緯二度二十七分，東經百六十七度，長三十七公里，闊十至二十公里。高出海上二百五十尺。頂平，多樹木，馬爾長二十公里，闊十公里，平坦多樹木，而蘇木尤多。旁有一港，係淺灘圍成。人民狀貌，與新赫布里底羣島相似。建屋亦佳。所造獨木舟，大於他島兩倍。或言阿非亞島上之人，係波利尼陝遺種，或言從前皆野蠻食人肉之類，未知孰是。阿非亞之西北，列富與馬爾相距之間，俱有零星無名小島嶼甚夥。今法人俱收之，合並於新喀里多尼亞，爲其所屬，悉納其民入於基督教。削趾適履，謂頑悍惡習，已化爲良善，故以羅亞爾特名其羣，而人民之數，大減於前，所弗計也。新幾內亞之南，圖勒士海峽一小島，亦名馬爾，其民自謂係從此間馬爾島徙居於彼，僅及數傳耳。其餘流離散而之四方者，不可得而知也。

論曰：太史公之修史記也，合老子韓非爲一傳，世有疑其不類而牽強者，不知治道非教不能正民心，非刑不能一民志，老子之教，所說道德，雖不合王道，而漢時所尚，韓非之刑法，至漢已減大半，史公合之，溯厥本原，言教與刑，互相交濟，爲治道之所必要。西國之教，起於羅馬，刑律亦起於羅馬，立法嚴酷，逼人必入其教而後已，逼之愈急，人心愈離，羅馬竟至破碎，散爲列國，而教派之宗旨，亦變而分歧，刑律雖因之輕減，不過各就其一國情形，約束其民，以歸其教，詎意人心狡猾，常有出於律外之事，成爲疑獄。縱隨時更改，法令多於牛毛，徒覺獄滿，未聞獄空，行於其本國之民尚如此，況欲行於海外無知之羣蠻乎？既占其地，復虐其民，必欲強之以從我，致其民不死於法律，亦死於礮火，可哀也已。

第十四章　斐濟羣島

斐濟(Fiji Is.)羣島，在新赫布里底羣島之東，當南緯十五度三十分至二十度三十分，東經百七十七度至西經百七十八度。全羣二百五十五島，有人居者，不過八十島，餘多零星細碎之小島，並礁石沙灘圍繞之。面積約四萬方公里，其實有用之地，不過八千零三十四方公里而已。人民共約十五、六萬。島之最大者二：曰斐地利浮(Viti Levu)，斐地即斐濟之轉音，利浮似其土語稱島也。長九十公里，闊六十公里，略作卵圓式，面積四千四百七十九方公里，人民五、六萬。其上之山，高二千餘尺，熱帶樹木，生長速而暢茂，得風之處，徧山徧谷，綠陰不斷，香樹嘉木，到處有之，而背風處，則惟偃松老槐，點綴於草地之間。棉花乃其野生者，蘭類則五色皆有，而香味差遜。胎生之獸無有也，禽鳥亦不多，樹上之蟾蜍數種，蜥蜴之類尤煩，蛇與蛙亦有焉，其人黑膚、捲髮、長髯，身高體壯，雖赤袒而外貌尚有可觀。性戇直，較巴朋與波利尼陜，頗覺文明超卓。或謂有波利尼陜並馬何利之種入參雜其間，然諸島之語言，純淨一種，可以互通，參雜之說，當非的確。諸島又分十二、三部落，各有頭人主政，風俗敦樸，善建築。其邑則築城圍之，土牆之外，壘以石，圍以葦籬，或編椰子樹幹以爲柵，城外又挖深濆環護之。諸屋皆深二、三十尺，開門在旁，闊四尺，門皆用蓆，列屋並高齊整，內亦清潔，屋後盡處，或架地板，離地尺許，寬數尺，鋪以蓆，即臥榻也，頭人與富人之屋較大。兵器用弓、箭、飛蛇、短棒，並拋擲之棒。農器則以樹枝嵌鱉殼或蠣殼的鋤，今則用古式洋槍及鐵鍬矣。所造艇船，有長踰百尺，寬廣異常，竣工時，用人聯臂牽拖下水，其小者不用帆纜，把槳而行，男女皆不事裝飾，而女人或有黥刺者，編篋筥網罟甚巧，陶器亦不惡。各部落俱有廟，其山邑有一廟，基高如團城，上有樓頗壯麗，樓頂圜而倍高，又如塔，其上不作尖形，惟蓋大方板，又似我之天壇。想其古時，必有來貢，吾國曾列王會之中，歸而僭擬者。非然者，何其城池廟宇之制，竟能彷彿於我耶？

廟有祭司司其事，非僧非道，殆巫祝耳。能託神言，以欺流俗。其人民深信未來之說，雖死弗敢避。地無畜類，那得犧牲，遂常殺人以代祭品，以表誠敬，請神享其血食，所殺者非僅仇人奴僕生客，即妻子兄弟朋友，亦可付之於刀俎。有時大祭，廣宴種族，所殺多至二十餘人，解肢體而烹之，衆皆就鼎染指，如嘗異味，是爲大典禮。其頭人擅生殺之權尤重，有時舉箸，覺無可下飯，則呼取長豬來，長豬者：人肉之隱語也，其僕役聞之，如奉嚴旨，急持貝殼之斧，出門遇人便殺，拖屍體歸獻。西人所傳太平洋諸島有食人之事，其實跡當即若是。頭人死，所寵之妻妾僕役，皆活埋以殉葬。常有父母老弱而病，自求速死，其子女亦忍而活埋之，實出人情之外矣。次曰凡那利浮（Vanna Lovu），在斐濟之東北，橫長百五十公里，闊二十五公里，面積二千四百八十六方公里。係火山本質，雖無活動之態，恆有地震。其中有一熱泉，是地脈泄氣，尚未盡也。與斐濟相距之間，係一道珊瑚線，旁多礁石，島上衆山層巒，有高四、五千尺者。最長一坡，趨向西北，發爲小溪甚多，溪邊向風處多密樹，諸谷亦樹木相續不斷。其濱有邑曰馬跨他（Machata），下臨滄海，碧濤白浪，激潑於礁石淺灘之上，點點行行，跳珠噴沫，風景亦屬可觀。凡那之東南，一島曰他凡尼（Tavuni），長二十一公里，闊十二公里，上有山高三十尺，土肥而樹密，此島雖小，適當東西兩經線合併之交。計地以經緯，本係中國舊法，惟緯線從赤道南北而分，係屬公用，不能更易，而經線，皆應由其各國自己天文臺起算，英則從倫敦城外格林威池（Greenwich）海軍學校天文臺起經，東西各分百八十度，盡開地狀爲兩半，此島恰當於合度。英之海圖，業已通行，故多沿其說，實則各國皆可自行起經。法與日本之圖，其經線皆自本國而起，以尊國體。今我國海陸俱有測量家，而起經之點，久而不定，奈何。斐濟之南，一島曰鑾打浮（Kandavu），廣六與凡那相埒，人烟則較密。阿華郎（Ovalou）一島，在斐濟之東，狀略圓，長八公里，闊七公里，多山，高二千餘尺，岡巒層疊，幽谷窄峽，界以削壁，其背多樹木。東有一港曰利浮加（Leunka）甚佳，沿濱有長街，平坦修廣，係其古時之都。邑中民居，皆建於山石之上，旁崖繞徑，幽而且奧，今歐人皆營別墅以居，以港爲商埠。拉慶巴（Lekemba）距斐濟略遠，狀微圓，徑六公里，乃西人傳教最先之地。拉慶巴之西北，小島無數，曰厄斯伯洛林叢島，言尚須探查也。拉慶巴之東北，又有小島曰志被兒（Zephyr）。曰紐亞妨（Ninafoon），曰項尼（Horne），曰儒非亞（Nvea，或作威利（Watis），零落散處，至於遙遠。拉慶巴亦有小島甚衆，曰恩加他（Ohcaua），曰浮拉假（Vulaga），曰華杜拉（Vatoa），餘無名。再南曰加林儂灣（Talinon B）。灣之南曰恩奴愛老（Ono-i-tan），曰氏莽奴夫（Siwanoff），曰密市洛夫（Michaeloff），亦皆小島也。他凡尼之北有衆小島，曰林故爾得（Ringgold），餘無名。他凡尼之南，纍纍然小島尤衆，有名者曰柯路（Koro），曰鶯梗（Angan），曰誇迷亞（Quamea），曰拉拜（Rabi），曰紐加利浮（Noka Levu），曰凡那巴拉浮（Uanna Balavn），曰司寫（Tnilhia），曰那（Ngau），曰摩拉（Moala），曰杜路耶（Toloya），曰馬都庫（Matnkn）。凡那利浮之北，一小島曰司康畢亞（Tnicombia），斐濟之西北，小島一叢曰耶沙華（Yasawa I.）。斐濟之南，一小島曰華圖利利（Uatn Lele）。諸島地處熱帶，天氣酷熱，可分乾溼兩季，溼則五月至十月，驟雨過後，薰蒸而潮溼，華氏表或升至百二十度，平常亦在八、九十度之間。西人衣服逼緊，頗有難堪之苦。然草木之生機益暢，正農工得利之時，十月至五月爲乾季，多晴霽，涼風習習，於人體養生尤宜。所産棉花、菸葉、甘蔗、香蕉、椰子、麵包果、薯、芋、稷、沙貢、葛粉，皆豐富。近西人復課以山邑種咖啡，澤地種稻，並授之以工業，設製糖之廠，及製樹油、樹脂、樹膠、椰子油，並晒乾果，以芋爲研光之布。又載牛、羊、豬、狗、雞、鴨而入，飼畜蕃昌，次第振興。商務亦活，每年出口糖、棉、稷、果、咖啡、菸葉、玳瑁、海參、魚貨、繁裙、可二、三十萬鎊。入口則鐵器、利器、諸色酒、雜貨：所值亦相等。其木料足以建屋造船，礦產銅、錫、金、鉛、倘未開採，皆未計。一六四八年，荷蘭航海家他士孟(Tasman)，始見斐濟島，記於日記册，言其食人惡習，西人欲往織探又怯焉。一八三五年，有教士毋厄士利楊(Wesleyau)者，至拉慶巴傳教，島人從之者衆，由是不免齟齬，發生教務交涉，引動國交，勒索賠款，乃白種人之故智，致欠美國債款甚鉅。斐濟諸島之部落，雖分十又二、三，而總之者，乃阿華郎島中之酋。酋名傑懇班(Tnacowban)，一八五五年，土人要酋承認此債，高其職位，奉以爲王，窮酋至此，雖王何益。一八五七年，願以斐島一島，押質於英，耕其賚以償債，而留其名號與實權，以治土人，英人辭焉。商量數四，至一八六二年，英人集股，設波利尼陝公司，爲其理債。一八六九年債清，美總統許交歸諸島。一八七三年，英政府批准條例，明年冠諸島以屬地名目，設一政府於斐濟島，並公會以立法。會中股員十三，其十二即土著之頭人，並其酋皆給與薪俸。各村邑俱有小公會，並二十四地方官，分布諸島以行法。初任之政府戈登(Sir. Arthurgorder)，教士也，而行巡撫之政，性慈和，土人咸敬之，故不致有所激變。一八七五年，戈登涖事之時，諸島瘟疫流行，死者甚衆，人民之數，約減三分之一，謠言四出，戈登能鎮靜撫之而無事。一八七八年，食人多妻之習俗悉革，到處皆建教堂，多至八百餘所。一八八〇年，戈登卸任，退居毋厄士利楊教堂，諸島人民，歸其教者，十萬二千，歸天主教，亦有數千。距斐濟羣島之西北二百五十公里，有一叢小島曰路圖馬(Rotuma)，面積三十四方公里，人民不過三千。當一七九一年，厄得華(Edward)船主見之，以其小而捨去。至是其人亦願附從於斐濟羣島隸英爲屬地。英之初設政府於羣島，本擬在舊都阿華郎島土，因其港利浮加，便於轉運，適植物學名家項尼(MrHorne)至，以是地褊小，危崖疊嶂，不足以迴翔，若政府設於裴濟南向素華（Suva）港內，平原寬敞，亦有溪河，通入內地，航行甚便，以爲駐劄所及政府辦公，綽有餘裕，雖與阿華郎商埠相隔一海，但有小汽船以聯絡之，奚礙，戈登從之。白人先後來居諸島者二千餘，除服役於政府駐劄所外，大半係商家資本家，咸投貲於公司，以理其債務，恃關稅以償公司。初時年稅僅四萬鎊，而理債則須十二萬鎊，迨商業農業並與後，不過五年徵特債消，且有餘利矣。今素華港上，居民五、六萬，有一醫院，數旅館與公寓，一機器學會，一文學會，一種植學會，四報館，數銀行，並保險公司，銅礦公司，每月有郵船往來於各島各埠。

論曰：宗教本意，勸人爲善，固至美也。然亦可用以爲餌，不須戈矛砲火，移人土地，易如反掌，較兵法之用間，尤爲玄妙。窮酋逼於債務，英人出而解之，若咸陽大賈，以奇貨之視秦王孫，竟得以呂代嬴，可謂玄之又玄矣。惜驅虎進狼之患，而窮酋終未之悟，語云：食肉者鄙，未能遠謀，況其好食人肉者乎。酉陽雜俎言突厥都落，殺人祭天事，語頗惝恍，此島種人，豈其苗裔歟？

第十五章　薩摩亞與東加兩羣島

大海汪洋，原無限際，諸島散錯，各有生機，此天地造物之妙，非經緯畫界之殊。是固然者，英在格林威池起經，原遵我周天古法，爲地圖海圖便利計，非爲海外島人種類計也。詎意其經線所分，東西各百八十度，至於太平洋中合度處，地氣既差，人種亦因之頓異乎。太平洋諸島，叢叢簇簇，大小不等，三五錯綜，星羅棋布，輿地家無可收集，遂總而稱之曰阿響尼亞（Oceania），言大洋諸島地也。繼而又變之，而稱爲波利尼西亞（Polynesia），波利，乃希臘語，衆多也；尼西亞，言叢雜諸島也。然其所包甚廣，北起於日本，南至於澳洲，西起於印度洋，並馬來羣島，故馬來羣島中，有所謂波利尼陝者，以末後西亞兩音，合之以入，遂變爲峽音，言其係雜島人種也。尙有以爲太廣者，馬來與巴朋兩羣，俱有大島，可以自相依附，是宜聽其獨立，不必牽強拉之。波利尼西亞之界，宜從斐濟羣島起，其北之日本、琉球，其南之澳洲，皆不用闌入，庶爲明淨。蓋輿地家苦心分別如此，竊意似尙有不盡然者。斐濟羣島，在經線之東將盡處，而更東之人種與經線迤西一帶，判然不同，何如移波利尼西亞之目，歸之於西，由經線東西合度處而起，尤爲妥便。蓋經緯之西將盡處，有羣島；曰薩摩亞（Samoa），曰東加（Tonga），其島上人民，皆非黑色暗色，而微帶棕色，形容端正，舉動文明，雖有捲髮，絕無長髯，不似巴朋之醜惡兇獰。身體高大，長至六尺以上，性情和平，禮貌謙恭，與人交接，甚覺友愛。若從東方馬來巴朋諸島游歷至此，莫不駭異其秀且美，如又見一世界之人物矣。其少年人則尤美，束髮如髻，插以紅色野花，較之歐西美婦人尤艷麗。因皮膚光滑，縱不甚白，亦可耀目。女人織蓆，並裝飾花籃甚工緻，擣樹皮爲布，長至數百碼，其薄如紙，染之以色，礙而研光，製爲衣，似西國女人之外套，以掩上體。圍裙則用樹葉束以帶於腰，男人常黥刺其肚臍及腿，以爲美觀，有時亦穿樹皮布之衣。女人常理家事，男人則爲各項工技。聞其夫婦甚和諧相愛，閨門整肅，爲馬來巴朋所不及。俗無文字，有歌舞，所歌之調，皆係詩章，謂古詩人所製，口傳至今，音韻悠揚合拍，無激烈噍殺之聲。其屋多卵圓形，中撐兩高柱，外圍一行短柱，頂蓋木板，加以茅茨。所造艇船，長踰百尺，以厚板用堅繩縛之合攏，能行大洋中數百公里而不毀壞。地無五金質，器具非石即殼，以木爲盤碗，椰子殼爲杯樽，雕刻磨光精美，器具之柄，船上之槳，所刻尤奇異。惟無陶土，致無陶器。煑水及烹調，鑿地孔爲爐，燻焙食物。語言惟有一種，不過土腔微有高下而已。各叢島俱有頭人爲政，其宗教不知所奉何神，廟宇巍峨，建於高屯上，祭司司其事，能傳神語，典禮嚴重尊崇，並無以人類充其祭品之事。衆皆慈惠，能知致敬於老弱，是此類人種，實高出野蠻萬萬矣。歐人咸稱其情性，酷似西人，故易歸於基督教。或謂此係遷徙之民，其本原必從中國而來。中國文明，開基最早，故其形式俱有古教化之風。想當時轉徙，由菲律濱迤東一帶諸小島，由此至彼，閱歷程途，傳子及孫，越過大洋三千餘公里，已閱數百代歲月，血脈相承，心靈尚在，覩其儀容，卽知其爲蒙古種也。西人知有中國，在於元初，及其通商，又在清末，故疑中國人皆蒙古種；而不知黃帝神明之裔，蒙古倘係中國人之一種耳。諸島多火山，或動或靜，山峯高下不等，常至三、四千尺，地多火山石灰石，肥瘠亦不等，地震輕微，颶風偶有，雷雨暴雨尤恆。所處熱帶之間，天氣之溫度，尙屬和平，華氏表常在七、八十度中，鮮有出於九十度以外。所產植物，雖不多，而蘇木麵包果特盛，此外則榕樹、桑樹、木棉、芭蕉、栟櫚、椰子、甘蔗、甜薯、芋。獸類全缺，胎生者僅有一種吸血蝙蝠，曰凡蝟兒，翼長體小，無尾無鼻，喙尖有齒，乘人睡臥，則嚙而吮之，聞此物在南美洲，能嚙牛馬，可謂怪物矣。陸地之鳥，有鷗鴞、小鸚鵡、鳩、鴿，水鳥則野鴨特盛。鰵最多，皆出於海濱。鯨類有長頭鯨、駝背鯨、黑鯨、捕者另有頭人，率領諸船，結隊而往各地尋覓，不能單獨而行，因鯨大船小，恐不足敵也。薩摩亞或謂之航海家叢島（Navigator Islands），在南緯十三度三十分至十四度三十分，西經百六十八度至百七十三度。一叢九島，並數小島。其大者四：曰沙華夷（Sawaii），曰犽不盧（Vpolu），曰途他拉(Tutuala)，曰孟那（Mannr），居民共五、六萬。沙華夷最大，長四十公里，闊二十公里，面積二百五十方公里，上有危峯，曰描亞（Mna），高四千尺，有活動初息之火山，猶留火山口甚衆。由亞旁(Aopo)入於內地，沿途一路，散鋪火燒渣石與灰之跡甚厚，土人言其爆發，已歷二百餘年，似不足信。島之西北，亦有火山石平原，廣數公里，業已漸化。而向東又有較古甚大火山石之基，已經化盡，罩以卉草，以此相較，可知受災前後時代矣。島中無溪河，火山石塊中，俱有細孔，受雨水浸潤，日光薰蒸，自行霉爛，乾燥之性，變爲滋潤，則草木生矣。島山衆山高處，其形太峭，不能停留雨水，而日光亦不常到，故童而不毛。而近濱之地，火山之跡，奚至久而未化，是必土人忘其年月，信口而言也。其餘山谷與近濱一帶，天氣蒸溼，樹木稠密，甘蔗、麵包果，多係野生，並有柑、桔、蘋果、咖啡、荳蔻。狎不盧島上，一峯曰他符亞(Taufa)，高二千五百尺，狀甚圓，頂有火山口，旁圍火山石，下則樹林密布，景物殊佳，勝於他島。有一邑曰亞皮亞(Apia)，即其都也。曰有一港甚佳，惟常有大風。一八五〇年四月，諸屋宇因風而壞者頗多，因所建以木柱，縛以木片，故易傾頹。往者，諸島各有頭人，爭爲雄長，無統一政府，所練海軍，皆係小艇船，結隊至五、六十艘，軍隊各執石斧、壳刀、木棒、飛砣、以圖夥併，累年不休。一八七五年，一部戰勝，倣歐美諸國之例，設公共會議場，舉一頭人爲酋長，而立政府，猶恐不能久持，要求英美保護。一八七八年，與美立約通商，明年又與英立約。德人乘機而至，約立一埠，爲其海軍屯煤之所，由是設商場，建行棧，遙與德之漢堡(Hamburg)海埠聯屬通消息。出口有棉花、椰子、咖啡、檨、稷、椰子油、葛粉、樹膠，入口則鐵器、陶器、並各項器具、糧食，牛、馬與豬，亦從外來，飼之甚蕃，且與太平洋各島之市場交易。英人則傳教於諸島，島皈依基督教者甚夥。途他拉與孟那及玫瑰島(Rose I)，則在沙華夷之東南。珊瑚線(Caroline)與先驅(Marsball)，兩島之地雖小，歐美人頗有喜住其上，惟無小工可用，殊不便，遂與土人立約，顧往供役四、五年，方許引退。土人既至其處，食宿皆善，期滿即辭，且不願去矣。是以諸島人能解英語者大半。近時又有汽船，北通舊金山，南通澳洲，故貿易益興旺。沙華夷與狎不盧兩島相距之間，一小島曰孟奴奴(Manono)。其北略遠，一小島曰阿洛生假(Olosenga)。

東加或謂之友愛叢島(Friendly Islands)，在薩摩亞之南，相距三百五十公里，當南緯二十度，西經百七十五度，統共百五十餘小島，有人居者不過三十島。人民共十餘萬，尤盛於薩摩亞。一六四三年，他士孟(Tasman)航海見之。一七七七年，庫克(Cook)船主，亦至而勘之，改其名爲友愛，猶之他士孟改薩摩亞之名爲航海家也。大島六：曰東加他瓢(Tongatapoo)，即東加也。曰博士加灣(Bcscawen)。曰客伯爾(Keppel)，曰華和(Vavao)。曰夏被(Hapai)。曰依蕪亞(Eooa)，又分爲三叢，華和在北，夏被在中，東加在南，爲最大之島。當南緯二十一度四分，西經百七十五度二十八分，周圍五十餘公里，人民不及萬，地皆珊瑚質構成，有活動火山數座，夏被與途胡亞(Tufoa)兩島，常噴烟不息，華和之西南，與拉得(Latte)時亦活動，晏買齊拉(Amurgura)，至西北數島，皆已熄滅之圓邱。一八四六年，晏買齊拉忽然噴發，爆響之聲，聞百三十公里，幸噴發之前，有猛烈地震，人民知機，先行逃避，噴發之後，島上村落，及青蒼果樹，悉成焦土，罩以火山石火燒砂甚厚，餘灰遮覆海面，散布六十公里之遠，災及華和島上之樹木，皆受嚴損，東加島上之居民，亦因火山之故減少也。諸島環繞珊瑚礁淺甚險，溪河甚缺，天氣多潮溼，土甚肥，雖亦產稻，然不甚多，而慕木、甘蔗、香蕉、芋、櫻則恆有。其民長髮，貌良善文雅，性溫厚，其才能勝於諸羣島。屋中器具雖少，尚潔淨。各島俱有頭人，而無預備之兵器，糧食缺乏，賴外商從澳洲販運接濟。其港中供給外船者，祇蔬果而已。島人自造小舟，亦能往來鄰近諸羣島。其民咸善鳧水，外船多傭之充水手。東加之南佃，有一奇異石牌坊，甚古，乃兩長方石柱，直豎高四十尺，頂上橫架一石板，板上覆一大石盆，不知何年所建，其島中並無此種石質。問之土人，亦不知何自而來；柱上隱隱似鐫有字跡，惟經風雨剝蝕，模糊闕損，不能辨爲何種文字，西人蒲連刺利（Brenchley）．摩挲數四，嘆其地昔日文明，必勝於今十倍。繪爲圖，刊於其所著集中。一七九七年，西教已流入其島。一八二七年，傳教之士，由母厄士利楊監督，島人從之者衆。久之，與異教人爭甚烈，迨事平，遂舉一頭人曰志阿渚（George）爲酋長，加稱王號。其人本非教徒，亦誠心爲教事。英人設傳教所二：曰慕亞（Moa），曰那診路（Nakualo），以書數與地之學教其民，並課婦女以縫紉，故島人皆入基督教，能操英語。華和之北有兩小島：一曰芳紐亞滋（Fonualei），一則無名。華和東南一礁曰直士尼（Disney）。夏袚與東加之間，小島尤衆，有名者二：曰奴描佳（Nomuka），曰韓家哈婢（Hunga Heabai）。依蕪亞近在東加東南，而其南有小島曰䳯花（Kaafa），或作備士他（Pylstart）。䳯花西北有一礁曰塞摩兒（Seymour）。薩摩亞與東加南北兩叢相距之間又有一小叢，曰沙華渚（Savage），亦稱爲九島（Nine Is）。在南緯十九度，西經百六十九度。最大者長九公里，周圍三十公里，上有密樹。一七七四年，庫克船主見之，以沙華渚乃蠻人之稱，殊不雅，且島人馴良，並不蠻悍，是名與實異，遂按島數合稱之爲九島。然除一略大之島外，餘皆無名，人民不過五、六千，皆從薩摩亞徙來，已歷若干世。雖微有黑人參雜其中，而所說語言．皆薩摩亞之腔，性溫和聰穎，與歐人交親善，咸歸基督教。距薩摩亞東北三百五十公里，有一合叢（Unions），或稱他器閭（Takelau），不過三小島：曰亞夫他（Atafu），曰紐堪奴奴（Nukunono），曰花柯胡（Facaofo），人民不及千，語言與薩摩亞同。美國人占居，收貯鳥糞。合叢之西又有一叢，曰厄力司（Ellice），當南緯八度三十分，東經百七十度十三分，東南下距沙華夷約七、八公里之遠，乃一叢小島，圍一澤地，居民不及二萬，語言與薩摩亞同，自言由是島遷來，已閱三十代，約至六百年之久。其始祖來時，代有木矛與杖，植於谷中，今已成林矣。西國傳教之徒，多往誘之。南有淺灘一叢曰許阿爾(Shoal Is)。厄力斯之東，一小島曰尼庫菈黎(Nikulaelae)。厄力司之北，小島尤多，至於遙遠，有名者曰亞市勒士(Achilles I)，曰尼蘭(Netherlands I.)，曰蓮(Lyn I)，曰許兒梢(Sherson I.)，曰他士毋厄爾(Taswell I.)。

論曰：毋連慶言，薩摩亞與東加兩叢迤東之島人，皆係中國遺種，饒有古教化之風，此說信而有徵。我國自古泛海而逃，若徐福挾童男女，止於日本，即不爲之君，亦作之師，此固世共知者也。若周之衰也，陽襄入海，秦之帝也，魯連蹈海，豈皆逐馮夷而逝乎？是必有所去處矣。故孔子亦欲乘桴而浮，其意可知焉。蓋當世亂之時，有志之士，咸欲遁荒，奚況攜家遠浮海外哉。今觀其所謂東加島上之牌坊，合以裴濟島中之廟宇，其制度，皆恍惚似我，爲諸國所無。想其昔時營造，非有中國老成人，規畫指示，安能成功。嘗見墨西哥(Mexico)古蹟圖，亦有牌坊，上鐫文字，皆方體如繆篆，其畫粗肥，完好未曾剝蝕，似係七國破體以前所書者，祇得如呂黎之觀石鼓，莫能辨識，付之一嘆而已。西人言是地之初，當經中國人爲之文明開國，惜子孫未能繼志，竟與土人合化，遂致蕪沒，不能道其本源耳。然則薩摩亞與東加諸島之種人，殆亦如是。數典忘祖，又何足怪。至於矛杖成林，有類夸父鄧林故事，倘無關輕重耳。

第十六章　解裴與澳大利羣島

解裴(Hervey Islands)羣島，亦謂科克羣島（Cooks Archipelago)，在波利尼西亞之南，距薩摩亞東南七百公里，乃科克船主航行見之，因以己名名焉。在南緯二十二度，西經百五十八度，一叢九島，大者曰孟吉亞（Mangeia），高六百五十尺。曰亞透（Ation），珊瑚闌澤地。曰解裴，曰拉路唐家（Razolonga），上有火山，高四千五百尺。曰意圖他器（Aitutaki），高四百尺。曰孟器（Manki），高四十尺。曰密題路(Mitiero)。面積合共三百零六方公里。諸島皆火山之基，圍以珊瑚礁，無港，而進口頗難。最大者為拉路唐家。山谷有清水，土肥潤。居民皆古時由薩摩亞遷至，容貌尚佳。據云，從前島中，原有黑人，然則不免有所參合，故棕色較濃，髮微捲而黑，鬚疏而秀，衆雖不及萬，咸歸基督教，且改歐人服式。諸島小市鎮中，有石屋，皆其頭人散居之地。土產椰子、麵包果、香蕉、咖啡、棉花、菸葉。一八六四年，請隸英保護。阿巴路(Oparo)乃磽瘠小島，剩有土人昔年所建堡壘甚多，係採其山巔之石為之。石皆方而光，以三夾灰黏縫，有重至二噸者，想當年島人必盛，曾經屢次戰爭而遺棄者。解裴羣島之東南，又有一叢小島，曰澳大利(Austra)，即土布愛羣島(Tubuai Os.)，計五座，散處於南緯二十二度二十七分至二十七度三十六分，西經百四十四度十一分至百五十度四十七分，俱有火山。曰母溢化非(Raivavai)，高二千四百五十尺。曰圖祕(Tubnai)曰閭閭除(Rurutu)，高一千二百尺。曰力馬除拉(Rimatura)，高二百尺。曰拉巴(Rapa)，又謂之胡爾(Hull)，高六十六尺。皆無居人，雖其中亦有清泉，而過者鮮識之。

論曰：西人之航行測探諸島，如水銀瀉地，無孔弗鑽，任教細碎零星，莫不搜羅備至，然至無人之島，彼亦無可作為，其意可知焉。故凡有人之地，必先以數試之。學記曰：有人此有土，有土此有財，是亦有合於王道者歟？

第十七章　社會與低兩羣島

科克羣島之東，有小叢一島，由西北趨向東南，曰社會羣島（Society Islands），在南緯十六度至十八度，西經百四十八度至百五十五度。大者十三，其有名者：曰他赫地（Tahiti），或作阿他懿得（Olaheite）。曰媚地亞（Maitia）。曰嬰迷惡（Emes）。曰媚蕪依地（Maiooiti）曰地他路亞（Tetoaroa）。曰阿他夏（Otaha）。曰摩利亞（Moorea）。曰利意他亞（Raiatea）。曰保拉保拉（Borabora）。面積合共一千四百十一方公里。人民二萬五、六千。從前若菈意他亞，若保拉保拉，若夏赫尼（Huahine），若他哈（Tahaa）島，地雖大小不等，皆由西人助其獨立。以他赫地一島較大，其都曰爲凡納尖（Poin Venus），當南緯十七度二十九分二秒，西經百四十九度二十九分，島之周百二十公里，面積五百六十方公里，係兩半島相連一地腰。上有山曰阿洛衡那（Orohena），高七千三百四十尺，遠望之狀如一船，突兀高捧，聳立於巴彼得（Papiete）港內。島之兩端皆昂，而地腰處則略低，山勢崎嶇層疊，藏有深林幽谷，雖係火山本質，而大山口已塞，想熄滅久矣。惟火山石渣石，遺跡尚存。有小溪，近濱之地多低窪，故肥沃，樹木青蒼，風景絕美，天氣溫和，華氏表正月七十七度九分，七月七十四度四分。一路多甜香之花，眞可步步引人入勝。熱帶成熟之果，柑桔最盛，香蕉、椰子、麵包果、纍纍結實於綠陰如幪之間，即善畫者，亦莫能圖此佳景。土人貌秀而美，體高而壯，色暗棕，似波利尼陝所參雜，鼻闊脣微突，齒白，髮黑略捲，鬚微露。女人善跳舞，裝飾以花，所唱牧歌，音如梵唄。居民一萬五、六千，歐人八、九百。一六〇六年，他赫地初至是島，以己名名之。一七六九年，庫克船主至，探出別島甚多，因以社會名焉，取會集之義。一七九七年，倫敦教育會以傳教至，費十九年之功，未有結果，而法人亦以羅馬之天主教至矣。英人設農業公司於島南濱之亞丁孟儂(Antimanoo)邑中，所主地坪一萬畝，傭用一千六百中國工人，種植甘蔗、棉花、咖啡，路旁則種芭蕉及諸果樹，是爲一大田莊，成海濱一大市鎮。計其所出棉花之額，年可百萬餘磅。惟英法兩教，共處其間，不免時起齟齬。一八四四年，法人忽用強力，改是島之名爲路易菲力伯(Lovis Philipp)，以法是時國主之名名之，宣言各島主治者，皆歸其保護，設苛法，嚴行約束其民。土人本好酒色。依登 (Eden) 園中，產桔最佳，其汁釀酒，有益身體，禁不許種。收歌戲臺，係星期日行樂場，亦以有傷風化而廢之。並民間之古節序，亦不許其聚會。是島主治者，乃女主保嬙兒第四 (Pomare IV)，受法人之薪俸，爲其傀儡。法人有所請，未卽批准，遂令法兵，捕其輔臣，禁於他赫地驛中 (Messager de Tahite) 數星期者兩次。法之國旗本係藍白紅三色，因製紅白紅爲他赫地之旗。他島與其交易之船，皆升之，謂爲保護幕 (Pavillon du Proleetorat)。然其諸島亦利法人權力，可以維持秩序，皆俯首忍服其制，故名爲保護，實則不啻視爲屬國。島人因之多歸其教，而流離散去，亦不少也。一八八〇年，由英法兩政府妥議，若他赫地、若摩利亞，若地他路亞，若菈意他亞，皆爲法人所主，庶可兩教相安。巴被得港上一城，卽名巴被得，其都也。中有菈符利路(Rue de Rivoli)，其政府與駐劄所，及高等公堂，女主之宮，俱在其旁。而天主教堂頂上之塔，裝飾尤麗。又有博浪路(Ruelde la Polcque)，有小巴黎之目，兩旁皆中國人鋪戶，茶棧尤多，皆舊金山中國區召集而至，遂使是地埠頭，爲南海諸島冠。初時不過雙桅小船，載重二十至五十噸，運其土貨出口，每季掛保護幕，約二十餘號，前往歐洲。嗣則用四百噸汽船，直達歐美，亦有至中國者。今其船之載重益增，歷次修改碼頭，以資停泊。出口之貨，以珍珠、珠貝、椰子油、檸檬水爲最。入口則棉布、棉貨、小刀、雜貨。每年出入口全數，各值一萬六、七千金鎊。分諸島爲七邑，以法官七人任行政，惟嬰迷惡島則用二人。其港甚安穩，向來捕鯨之船，麕集其間，設埠以後，逐年遞減，今竟絕跡矣。諸島本質皆火山，惟保拉保拉島，高二千三百尺，餘皆低，且有圍如澤地者。其外圍多係珊瑚礁，除以上有名諸島外，尚有可徵者，曰志利（Seilly），曰莫被地亞（Mapetia），曰栢衡生 Bellinghausen），曰孟碧地（Manpiti）曰途被（Tupai），曰他蒲意曼（Tapnaimann）。社會羣島之東，小島更煩，蕩漾海上如浮萍，謂之低羣島（Low Archipelago），或謂包摩圖羣島（Paumotu Islands），亦作珍珠羣島（Pearl Is.）言其粒粒皆小，並謂珍珠多產於其地也。又作險叢（Dangerous），言其旁多珊瑚淺灘險礁也。此叢小島，約八十餘座，人民統共不過五、六千，狀貌與社會羣島中同，髮較稀薄，從前頗有鯨刺者，今已廢革。多歸於天主教，皆業漁撈珠，或致富厚。地雖肥而無溪河，大山廣原，所產惟椰子油爲最。諸島之狀皆低窪，圜如珠池，在熱帶南緯二十度上下，西經百四十度前後，恰合星躔（加伯力康 Capricorn）之次，乃西國天文家所分星盤十二宮之一。其狀宛若山羊，前兩足尚分明，後股如魚尾，倒捲出背上，是爲白羊宮。諸島來脈，起於遙遠，薩摩亞東南一小島，曰唐家勒華（Tongareva），或謂之睥型（Peurhyn），係珊瑚淺礁圍繞澤地。由此斜趨而下，曰霍士突克（Vostock）。曰火山石島（Flink I）。曰珊瑚線。散布而向東南，其大者九：曰蒞吉路亞（Raigiroa）曰化加拉華（Fakarava），曰他行加（Tahanca），曰亞拉的家（Aratika），曰馬牽暮（Makemo），曰嬰蠻（Amann），曰夏惡（Hao），曰拉路耶（Raroia），曰亞巳他拔（Apataki）。略大者十：曰鏬庫拉（Kankura），曰圖嬰（Toan），曰嬰那（Anaa），曰亞懿（Ahu），曰他家路亞（Takara），曰鑒尼器（Kaneki），曰拉拉家（Raraka），曰家丁（Katin），曰馬盧他（Marutea），曰他庫母（Takume）。餘皆小者：曰馬拉赫華(Malahiva)，曰的家哮(Tikhau)，曰亞盧打（Arutua)，曰馬家他（Makatea），曰繞（Nian），曰花意地（Faaiti），曰莫途闌假（Motnluga），曰夏豁器（Haraiki），曰拉華懿兒（Ravahere），曰能故能故(Nengouengo)，曰巴拉亞（Paraoa)，曰曼行技（Maunhangi），曰保拉亞（Poraoa），曰非技他(Vairaatea)，曰懿兒懿兒他(Hereheretua)，曰馬㓉尼(Mahini)，曰的器(Tikei)，曰地亞路(Taiaro)，曰赫尼路(Mikuero)，曰地洛博圖（Telopoto），曰那蒲家（Napuka），曰嬰假透（Angatan），曰華器那（Fakaina)，曰利加兒家（Rekareka），曰登尼兒（Tanere），曰他拉姑途亞（Talakotoroa），曰亞器家（Akiaka)，曰紐庫他華器（Nukutavaki），曰利惡（Reao），曰華赫他赫（Vahitahi）曰蒲家路家(Pukaruka)，曰那圖伯（Natupe)，此俱南緯二十度以上者。尙有曰嬰紐嬰奶拉路(Aunanuraro)，曰嬰紐嬰南(Aunanug)，曰紐庫的碧碧(Nukutipipi)，曰登馬透技(Tematangi)，曰凡那凡那(Vanavana)，曰途利亞(Tureia)，曰登那闌家(Tenerunga)，曰馬路他(Marutea)，曰買盧路亞（Mururoa)，曰亞韓尼（Ahunni），曰嬰那意地（Anaaiti），曰摩連尼（Morane），曰孟假利華（MangareVa），曰密奶華（Minerva)，曰丁母（Timoe），曰贊寶的士他（Juan Bautista），曰恩奴（Oeno），並有一礁曰博得闌(Portland)，此俱在南緯二十度以下，餘則無名。

論曰：西國初時，原以天主教爲宗，戒律嚴似釋家，故其刑法亦酷，民多難堪，遂改新教，奉基督，其法較寬，似道家，民克自由。由是兩派內爭甚烈，英法尤甚，民遭是刼，被殺者不計其數。不知教主在天之靈，將誰袒耶？歷一兩百年始定，而各行其是。今在海外荒寂之鄉，皆欲爭先勸化，蠻人無識，祇得盲從。法旣得行其教，英亦設有公司，眞可謂利益共沾矣。

第十八章　皮特卡侖島

太平洋中，波利尼西亞之東，低盝島之東南，有一小島曰皮特卡侖(Pitcarn)。在南緯二十三度三分六秒，西經百三十度六分，長二公里，闊一公里又四分之三，周七公里。中有一山，高二千五百尺，本係大山之基，土肥多孔竅，略缺水，多樹木，天氣淸爽，華氏表五十九度至八十九度。濱岸圍繞皆石，僅有一小澳曰可嘉(Bounty)，足以登陸。向無人居，一七六七年，嘉來勒(Carleret)至，取名皮特卡侖。旋卽棄去，更無有過問者，詎意其後竟爲逋逃藪。一七八七年，英之航海家威廉(Bligh William)，嘗隨庫克船主環繞地球之行程者也。是年十二月，英政府令其駛(可嘉)船，往他赫地。次年十月到，停泊六閱月，載植物樹種千餘株往牙買加(Jamaica)，威廉性急，待下嚴而苛，水手中有攜帶他赫地婦女私眷．益觸其怒，船行離埠，已二十四日，一夕水手起而譁變，逼船主等十八人下小艇，竟觸船(可嘉)揚帆而去。威廉等在小艇中，旣無海圖，又無測量器，飄流大海中，糧食又缺之，不免有因困頓而斃者。威廉隨波逐流．月餘日後，始抵爪哇之東帝汶島(Timor)，乃蹙更生。蓋已浮沉三千六百公里程途之遠矣。聞其事者，雖駭其遇變，又歎其技術之神，聲名轉因而大噪。適厄得華(Edwards)領兵船囘英，帶之同行，至英控訴，而茫茫海宇，何處以覓叛徒消息。及英法之戰，英政府以威廉爲司令，領一隊，又復激變於部下。一八〇六年，使之爲澳州新南威爾士(New South Wales)部落巡撫，爲羣下參劾而去官，則其人之乖張暴戾可知矣。船(可嘉)旣逐其船主後，一七九〇年，止於皮特卡侖，將樹苗種於島上，而焚其船於澳以滅跡，厥後卽以船名名澳也。其黨夥當未至島時，半途散囘者頗多。一七九二年，被捕十四人，處決者三人，及抵島，僅餘英水手九，他赫地水手六，女人十二，爲首者斯密司（Alekander Smitn）；改名爲亞當(John Adam)，隱以開闢天地自居。旣得藏身之地，逍遙自在於法網之外，披荆剪莽，各自結廬以居。旣而各眷，皆生子女，亞當暇日，以教經爲之宣講，可謂得所矣。外間不能覓得其船，以爲必然沉沒海中，諸叛徒皆葬魚腹，久之事冷，無有提及舊案者矣。奚知桃源避世，竟有漁父問津。一八〇八年，美國（圖巴字 Topaze）船主和爾格(Folger)，偶遇是島，見樹木成列，花開果熟，知有人境，遂登岸探之，空谷足音，衆皆喜而出見，由是春光漏洩矣。和爾格歸，作書告英，一八一四年，英船（不列顛 Britian）至其地，見榕樹、椰子、香蕉、甘蔗、薯、芋、稷、桔、蕹、瓜、菸、藥、茶葉，皆茂盛，垂蔭海濱，而山谷有石露臺，圍以芭蕉、無花果，甚幽雅，儼如他赫地島中之依登花園也。死者葬於山畔，以平石蓋其上。英人中惟老亞當尚存，而他赫地諸女人；已生子女十九人，其衣則以紙桑（Papermulberry）樹皮爲之，整潔美麗，廬舍雖小，亦自清爽，數家結鄰，如同一眷，誠海外別有一天矣。一八二五年毘布(Beechey）船主，駛花蕊（Blossom）船至，見老幼男女人數，已至六十六，自請以島隸英。一八三一年，英政府准之，令移其民歸居他赫地。數月後，轉以遷地弗良，乞放囘故島。一八五一年，有至其島，則見其人，數已增至百六十。英人終恐其島小，不足以容衆，一八五八年，遂爲遷於澳洲之東，新西蘭之西北，那和克 (Norfolk)。是島在南緯二十九度，東經百六十八度十分，長五公里，闊二公里有半，面積百六十八方公里，較大於皮特卡命，土尤肥潤。去時人衆約二百，至一八八〇年，竟衍至五百餘，其間尚有仍囘故者居。其人嗜跳舞，饒有祖風，勤於捕鯨飼畜，種植園圃，與歐人往來交厚，女人善治家，或助田間操作，是皆遵循亞當之教。皮特卡命之東北，又有兩島，大者曰班題生

(Pendersen)，小者曰都氏(Ducie)。

論曰：皮特卡命雖云孤島，卽在低羣東南恩奴之下，不知當時英人到處搜索叛黨，何以不至於其中，致亞當漏網，以樂其天年，以長其子孫，以蕃其族類，又成波利尼陝一種之人。由是推之，薩摩亞與東加兩羣島，西人言其爲中國人遺種，益可信焉。惟其系久遠，不能考其所自，非若亞當近在數百十年間也。兩羣島迤東之人種，多與巴朋馬來異，是其蕃衍所傳之遠，亦猶之皮特卡命轉徙那和克，誠意中事，安得起古人而問之。

第十九章　依斯題島

皮特卡命之東一千三百公里，又有一孤島，曰依斯題(Eastern Island)，言東方之人也。在南緯二十七度八分，西經百零九度二十四分，東距南美洲智利(Chile)海濱二千四百公里，島闊四公里，狀三角，周三十公里，面積五十五方公里。上有山，高一千二百尺，狀參差聳突，有似雞冠。島基原係火山，尚存火口數處，久已熄滅。岸有數泉，無溪河池沼。樹木有高至十尺或十二尺者，枝葉凋謝，祗餘枯幹，因缺水以肥沃其土，遂成乾燥故也。惟其間民居之處，有疊堆木料，俱係大材，想從前必然豐盛。土人之數不多，似皆窮乏。貌如波利尼陝，男女皆鯨刺，女人多美麗。其屋長而低，若覆舟之仰其底，開其旁二十寸而方，以爲門牕。兵器有槍矛棒，並一種兩端之槳，有雕刻者。自言先世由低羣島中之阿波路(Oporo)或謂之把巴(Rapa)遷徙居此，計其程約二千三百公里之處，由是稱此島爲拉巴泥(Rapa Nui)，言大拉巴也。轉以阿波路爲小拉巴，祖傳一石器，長於鵝卵，旁有雕刻，言當時頭人所用，是爲奇珍。然所說不甚完全，未可作爲實據。而最奇之古跡甚多，惜土人皆不能言其出處，誠爲可歎。島之西南盡處，石屋櫛比，數將及百，犛行排列，門皆面海，牆厚五、六尺，高五尺半，深四十尺，廣十三尺，上罩平石，片如屋瓦，中開五尺許天牕，又用長薄石片，隔堵於內，石片上又以紅黑白之漆，圖畫各種之鳥，或傳奇異之獸，或怪誕之人面。惟鋪地之石，參差不齊，似曾經被掘者。屋角堆有螺蚌之殼甚夥。諸屋之外，原有一石像，高八尺，重四噸，爲英人載去，置於博物院。徧地棄有雕刻大小石像數百尊，委諸叢莽中，皆係斷頭、折足，似此石屋，必係古廟之遺。島濱峭岸，高低之石，多刻龜或鱉，不一而足。環繞濱岸上、至山巔縱橫，多建石廊，今雖損壞，而所餘者尚不少，二、三十尺之高，二、三百尺之遠，俱係大石所砌，石長六尺，不用三夾灰黏合，故易致毀。峭地之上，距一碼則高一層，及頂則廣三十尺，四方皆若是。近山處諸臺，闊踰百尺，甚平坦。屋上豎立衆像，今有折毀傾倒者。一屋尚完好，列十五像，高十八尺，有四、五尊，至三十七尺，其手或拱胸前，或垂腰際，頭扁而頂平，似待加冠者。冠皆紅孔之石刻成，在距臺三公里之遠。題連路衡(Terano Han)火山口上，剩有此冠三十餘頂，以待搬運，有徑大至十餘尺者，蓋有別像，在島東盡處。阿透利(Otonli)火山口，距石冠之地，約八公里。是處又有一平屋，上豎極大之像數尊，係以灰石爲之，堅實凝結，昂昂然皆完好。仰望其面，山頂至頸骨，長約二十尺，皆方面長耳，耳有垂珠，上唇薄，下唇推前，目向上，眼孔甚深，似從前取火山玻璃石鑲以爲睛，鼻闊鼻孔開張，餘狀大同而小異。土人又出其黑木雕刻小像，甚精細，並有一鷹，鼓翼欲飛，喙啓，頂上繫一球，似爲記號者。其匠心之細，非近人所能爲。更有木牌，亦精刻，尤勝於石。上有象形字，土人言所紀皆前代事，問其果爲何語，又不能對。是則此島古時之文明，必勝於東方諸島無疑議矣。其島之東，又有一小島曰試利哥麥(Salay Gomez)，波利尼西亞諸島盡於此。

論曰：文字之初，皆起象形，故有蟲書鳥篆之目。嘗見埃及國古碑之字，亦係象形，可知上古聲教之所被，無遠而弗屆。或以佉盧、梵釋，上配蒼皇，分左行右行旁行，而別其體。此殆七國破體之後立言也。實則流傳久，而會意諧音之制起，又因疆界而區分，致古人所遺斷簡，除東晳外，無能識者。中國且如此，況荒島乎？是島或因有石像，而疑為印度婆羅門古教之流如爪哇島中者，非也。古人相傳東海為神仙窟宅，方壺、圓嶠諸島，中有瑤屋瓊闕，豈真虛無飄渺毫無所指耶？

第二十章　馬貴斯與馬尼赫器兩羣島

低羣島之東北，距他赫地島，九百公里，有一叢小島，曰馬貴斯(Marquesas)，或曰孟登那華島(Mendana Islands)。一五九六年，孟登那過而見之，以己名名焉。在南緯八度至十一度，西經百十度，共十七島。經歷次探測，可知者十二：曰花圖休休(Fatuhuhu)。曰盧(Hian)，高二千尺。曰余浦(Uapu)，高三千九百尺。曰都亞他(Tuata)，高三千二百八十尺。曰花圖赫華(Fatuhiwa)，高三千六百七十尺。曰赫華亞(Hivaoa)，高四千一百三十尺。曰余家(Uanka)，高二千四百三十尺。曰紐家赫華(Nukahiva)，高三千八百四十尺。曰莫圖地(Moluiti)，珊瑚所結者。曰莫唐(Motohe)，石也。曰克拉克(Clark)，灘也。曰珊瑚島(Caral Islet)。其基皆火山，面積總共五百方公里，人民五千。紐家赫家最大，周七十公里，島上多火山石堆疊，山巔突兀而起，皆嶄巖峭壁。西北地勢尤高，並西向一帶，皆無民居。土雖似肥而乾燥，熱帶樹木能生長，不甚蕃昌。天氣酷熱，日光出海，熏爍如焚，惟登高差可清爽。衛生無術，多致疾病，卽土人不能免。地阿海一港（Taiohai Hardonr）尙佳，港門寬四分公里之一，足供停泊。雖有解結斯列石(Herjest rocks)，尙無大礙，捕鯨船商船，恆集其中。舊時法人，常流罪人於此，並設傳教所，保護數商家行棧。土人容貌本秀美文雅，似波利尼陝，黃棕色，頰帶紅潤，高約六尺，體壯而雄，其髮或捲或直，好鯨刺，粧點面孔，黑紋縱橫，別饒花樣，如我梨園之大凈副凈，以爲歡樂。所敬之神頗多，各地設有摩利(Morori)，卽壇墠也，以代廟宇，以豚爲牲，其宗教約與薩摩亞並他赫地同。一八四二年，法人聲言歸其保護，逼之入天主教，未必是其心願，恆以所產甘蔗、椰子、木棉、蔬果，與外人兌換牲畜、猪、羊、軍器、菸葉。女人無鯨刺，雜在花臉之間，尤覺美麗，可與歐洲南方之女人，稱爲姊妹。地無胎生之獸，鳥類有果子鳩，顏色特別。蟲類不多·蜥蜴一種，蛇數種而已。其餘諸島之濱皆高峭，山谷中雖有好水，而出產則恃海物。諸島雖有港門，而珊瑚礁圍之，且有礁石。余家之港固可攬近，甚畏暴風。孟登那當時所見，僅有四島，餘則一七七四年，庫克所探，馬貴斯之西七百公里，又一叢散碎小島曰馬尼赫器（Manihiki），皆珊瑚結成低小之島，其大曰啤衡（Penrhyr），珊瑚圍澤也。在南緯十度二十分，西經百六十度四十分，長六公里，闊五公里，人民皆身高，黑棕色，曲髮，有時捲如髻，鼻卓額闊，大半有類巴朋，性躁動而胡鬧。日食以魚爲飯，潛水撈珠貝，日落歸食，食畢開口爭鬧，女人和焉，小兒女湊焉，有如決門，終夕呼號嘈雜，諠譁不休，東鄰西舍，夜夜如是，若成例者，不知是何風化。屬於美國，皆奉基督教·能知英文字。此外曰力題潦（Liderous），曰依冷（Elint），曰法蘭西（Francis），曰毋連聶（Rennet），曰蒲爾摩兒(Pulmore)，曰沙馬連(Samarang)。自庫克見後，鮮有人謁之。馬貴斯與馬尼赫器兩島羣相距之間，又有數小島·其有名者三：曰士打裘(Staver)，曰裘託克（Vertok），曰珊瑚線

(Coraline),馬尼赫器之東北四百公里,有一小島,曰摩爾登(Malden),在南緯五度,西經百五十五度,亦係珊瑚所結而成,久無人居。其中央有臺數座,或橫或直,高三尺,乃珊瑚石片所建。其旁有珊瑚碎石與殼數堆,而藏身之所亦衆,狀若茅舍,係三塊大石,圍作堵牆,又用一塊蓋頂,似係古人所居,又鑿珊瑚石井三十餘處,深六尺或九尺,似係當時求泉者。並有古塚若干座;俱係淺埋,故多破壞,古人之骨已朽,而殼飾尚有存者。島外附近兩小島:曰士打善克(Starbuck),曰查非士(Jarvis),亦無人居。

論曰:馬貴斯如繡面姥子,馬尼赫器若善罵山膏,自鄶以下,可以無譏。惟摩爾登所遺古蹟,雖無石像而有石臺,略與依斯慰相似,買所謂方壺、員嶠,並峙海中乎。何神仙之蹤跡渺然歟?亦巨尸解,魂歸天上,遺棄肯殰,不妨聽其枯朽也。嘗聞海上仙山,有長生不死之藥,奚意仙亦有死,轉留纍纍之塚,究與凡人奚異。

第二十一章 夏威夷羣島

社會羣島之北略西,相距二千六百公里,有夏威夷羣島(Hawaii Islands),卽俗稱爲檀香山是也。一七七八年,庫克至,改其名爲散得維齒(Sandwich)羣島,因是時英之世爵名散得維齒爲海軍部長,任世爵總司令,故以其名名羣島,媚其長官也。此羣島合天文星躔之鑑蠁(Gances),譯言巨蟹也。牽合八十餘恆星,謂其狀如蟹,列十二宮之第四。島羣共十五座,有人居者八:曰夏威夷,或作哈華譯,亦作坳夷希(Owyhee)。曰摩夷(Mowce),或作茅亦(Mani)。曰歐胡(Woahoo),或作武扶(Oahu)。曰蘭厄(Ranai)。曰莫洛魁(Molokoi)。曰瞿夷(Kaivai)。曰尼孝(Nihan)。曰加途羅(Raduiaw)。皆在北緯十九度至二十二度二分，西經北五十五度至百六十度，面積總共七千六百方公里，人民六、七萬，歐人四、五千，中國人數千。夏威夷島最大，在北緯十九度，西經百五十五度四十分，狀如蠶殼，面積四千八百七十三方公里，人民不過二萬。上有三山：在東北者曰孟那器(Manna Kea)，高一萬三千八百四十尺。在中者曰孟那羅(Manna Lea)，一萬三千六百五十尺。在西者曰孟那胡拉菈(Manna Hulalai)，孟那乃土語稱山也。三者皆係世界最有名之火山，世傳海外三神山，可望不可即，豈即此歟？器與羅較之歐洲羅馬與瑞士相隔之阿爾卑斯山尤高一千八百尺。其頂恆罩以雪，旁枝諸峯，崛起峭立於島上者，皆約一千至三千尺，自外觀之，景物如畫，羅與胡拉菈之火山，不時活動，而羅則尤爲常事。上有一卵式火山口曰氣連尼亞(Kilanea)，圍廣九公里，高出海上六千尺，中窪如鼎鑊，鎔化火山石，噴擲甚高，滚墮山旁，堆疊甚厚。一八五六年至一八五九年，噴突不絕，夜間光照遠近，如同白日，無月之夜，尤爲美觀。有時吐出火漿，如泉流溢，岸濱一小漁村，罣災致毁。其唾餘之渣石，堆於濱上，又成一小島焉。其火山口深穴以內，所化火山石，成一熱湖，如沸湯之跳珠起泡者。一八六三年又發，復靜十餘年，一八七七年二月十四之夕，重復噴突，初時烟氣若濃雲，頃刻升高萬五千尺散開，遮蓋周圍一百公里之地，精光四射，勝於白日清明之景。摩夷島上可以望見。其西濱器拉器誇灣(Kealakeakna Bay)中，則見無數火星、火球、火泡，或紅、或藍、或綠，撲墮海面，俱係所鎔極紅熱之火山石磊塊，挾帶硫磺熏蒸氣味，隨突氣遏逼，跳擲入海，激駁炸爆之聲尤猛，數船駛近其處，被此散落火屑所擊，受傷甚多。摩夷島上亦有火山口曰何菈加拉(Manna Holekala)，土人稱爲太陽之宮，其圍廣至三十公里，出於海上一萬尺，亦著名已久，想其發怒時，當不讓於羅也。其餘諸島有火山口坑陷，共十六處。諸濱雖有珊瑚礁，而美灣頗多，器拉器誇灣爲最。夏威夷之首邑曰亥洛（Hilo），在東濱。歐胡在夏威夷西北百四十公里，北緯二十一度十八分二十三秒，西經百五十七度五十分三十秒，長四十公里，最闊十八公里，面積七百零三方公里，人民萬餘。島上亦多山，有已熄火山口數處。南濱有港曰火奴魯魯(Honolulu)，低水時猶深二十二尺，停泊甚穩。王之都與同名，即在港上，產靛。摩夷在夏威夷西北二十公里，係兩半島相接，狀如西文母字之S，面積七百五十方公里。人民二萬四、五千。島上山勢突起，有高出海上一萬一千尺者，東北半島，地肥沃，可種麥、薯、甘蔗、美果。首邑曰拉艷那(Lahaina)，中有教堂、市場，並數學堂，皆教會所設，鬮尼在歐胡西北，當北緯二十二度，西經百五十九度三十五分，面積七百七十九方公里。人民五、六千。中有山，高出海上六千尺。莫拉魁在摩夷西北，狀如刀，面積百八十一方公里。人民三、四千。加途羅或作加胡潦亦（Kahoolaui），在北緯二十度三十五分，西經百五十六度四十分，面積四十方公里。尼孝在鬮尼之西，面積百十九方公里，人民三、四百。瞿夷又作連尼(Lanai)，在摩夷與莫拉器相距之間，而偏於西，面積百八十一方公里，人民四、五百。瞿夷與莫洛魁相距之間，曰被盧盧海峽(Pailolo Str.)。瞿夷與摩第相距之間曰呵呵海峽(Anan Str.)。摩夷與加途羅相距之間，一小島曰莫洛器尼(Molokini)。

按諸圖志，所紀諸島之名目方位，頗有錯亂，姑從其同之多者，敍之而已。諸島之南八百公里，北緯六度處，又一小島曰保爾買拉，面積六十方公里，山勢亦高聳，居民千餘，西人有言諸島之人爲沙遜（Saxon）種，沙遜舊部，原在德奧兩國間，後來繁衍爲海盜，剽掠地中海諸濱，及於英而占居焉。英人多出其裔，當時歐人，東不知有印度，西不知有美洲，安能飛越重洋，而傳種於東海之東乎。是眞無稽之讕語，殆因近時，其島人喜歸西教，特引爲同類，認作嫡脈子孫耳。土人自亦不知其所出，惟稱鏗那加(Kanakas)人。並言諸島皆爲浮島(Floating Islands)，從他處海濱浮泛到此，語涉無根，亦不足以爲據。第其始時所奉皆像教，與東方諸國無異，則其種或係亦出於波利尼陝也，一五四二年，西國航海家既登奴(Geatauo)船過而紀之，西人始知其地。及庫克至，見諸島各有頭人酋長，不相統屬，令合併爲一國，更名爲散得維齒。其間不免有吶喝而干預其事，虐視其民，激動衆怒。一七七〇年，庫克被殺於器拉器諺灣上，此事始末，英史誌所言多不詳，似有所諱也。而蛛絲馬跡，可由於其不言而悟。時諸島已統於一王曰加麥哈麥哈(Kamehameha)王之系，出於歐胡小部落之酋，負公債六十萬磅，年息雖薄，亦五蘦。一八一〇年，王致書於英王志阿渚第三(George III)，願以諸島屬英保護，事遂定。一八一九年王卒，力何力何(Liholiho)入嗣，改名加麥哈麥哈第二(Kamehameha II)，庫克來時，帶有同伴曰樊效裴(Vanconver)，庫克死後，其人留居島上，以基督教課其民，民咸悅之，王與諸頭人。咸請由英派教士來傳教。一七九二年，樊郊裴歸國，後兩年復來，遂設傳教所。一八二〇年，美國亦派人來傳教，由是有兩傳教所，民多信從，遂忘其本原，背棄祖宗古教，不認爲其苗裔，除偶像，廢廟宇，悉改其服式制度，從外人以求媚，謂爲新國，而不知入於外人掌握，爲其傀儡玩具也。教中課其人，則謂爲工作，不外於英之語言文字。並招其王加麥哈麥哈第二，偕妃至英，留未遺歸。一八二四年，王之夫婦，皆歿於倫敦，國中諸政，歸於教中之長老。一八四〇年，始復立王稱加麥哈麥哈第三。倣英制度以立憲，召集諸酋長貴人代表，設立公會；又設諸官議政之所，擔任國事。王處則設各部臣，其宰輔則由公會十六股員中選之。諸大島皆分設行政官，所有衙署，俱倣西式建築。並設印刷所，刊行新聞紙。一八四三年，英法政府會議，許夏威夷爲獨立之國。一八五四年，加麥哈麥哈第四嗣。一八六三年，加麥哈麥哈第五嗣。一八七三年，其王名陸那力盧

(Lunalilo)。一八七四年，其王名加拉加那(Kalakana)，於一八八一年，曾遊歷歐美。土人雖能操歐美語，微有土腔。雖屬基督教之風化，亦有奉天主教者。女人裝束，悉倣美國，好跳舞音樂。莫斯萊(Mr.Moseley)言，在其都火奴魯魯，見一優美樂隊，係土人二、三十合演，其樂音樂調，悉係西國而來，而精熟若是，亦殊可喜。諸島之地，在熱帶迤北，天氣溫和，無甚熱甚涼之事。有人居火奴魯魯十二年，言華氏表皆在九十度，與五十三度之間。一年中，西南風盛吹，常至九閱月。東北風之雨。恆在山上。諸島之濱，在於下風，時覺浮雲掩日，而雨澤稀少，賴有山水，下流小溪河，足資灌溉。惟數部位之土，含有火山碎石渣石與沙，似乾燥磽瘠而不毛。然可開墾掘劃翻轉之，則沃土在上，自生卉草，先爲牧場，數年後，再翻之，使草根腐化爲肥料，則可種植矣。惟土人能知農工者甚缺，於是遂招中國之工人至，而從事焉。一八八〇年，中國人入其國者已四、五千，一九〇〇年而後，且至盈萬以上，而土人轉遞年而減，遂議欲禁中國人之來，而不知其地之精美膏腴，係被歐美人所吸盡，致土人流離失所而減少，而究之中國人，豈不寃哉。好行新政，不恤其民之流弊，一至於此，豈不悖哉。其地無五金質，獸類有豬、狗、鼠，並有一種蝙蝠，飛於日間。牛羊雖從外來，飼之甚蕃，十數年之間，牛之數已數萬，綿羊十餘萬，山羊五、六萬，馬則散放成羣野，全國中騾馬合計，亦有四、五萬匹。鳥類美於羽毛，多不能唱，雞鴨孳乳，常供食品。植物則甘蔗、椰子、麵包果、甘蕉、麥、薯、芋之外，有特別者三：曰他路(Taro)，乃草木之根，種三年後，莖高十尺，圍二寸，掘其根食之，多汁適口，勝於水蘿菔。亦可晒乾，磨爲粉，以作餅餌。曰僕盧(Pulu)，係草樹皮之絲，質美而細毳，濃棕色，勝於馬來諸島之所產，爲葉可止血。一八四四年，荷蘭商人取之，製爲禮帽，光亮如緞，得以暢銷。曰燭核(Caudle Nut)，係樹上所結之實，狀如豬心，大於胡桃，殼甚堅，碎之炒其仁可食，勝於杏仁，生食則腹痛致瀉，炸其油，可以燃燈，社會羣島之人，皆用此核，鑽孔至仁，穿以線，代燈草，掛於屋中，夜則燃之，勝於火炬，或用爲漁燈，所獲較豐，因其光之亮逾恆也。道書有所謂南燭草者，似卽此歟？其烟可爲黥刺之墨，故銷路甚廣，其樹之脂流出，可爲樹皮膠。是一物而有三用，強半出於中國人種植之手，而商人賓取其利，中國人何負於諸島乎？纍者，其國商務新開，出入口運載，皆由北太平洋之捕鯨船，究不能致遠。一八八〇年，改用帆船，十六日行程，始到舊金山。六十七日始到香港。亦嫌迂緩，未幾卽改用汽船，其商貨乃克暢行而無礙。大宗者爲糖，出品之數，一八六〇年，三百萬磅。一八八〇年，四百萬磅。一九〇〇年，六百萬磅，今則且逾千萬磅矣。此外則咖啡、僕慮、菸葉、葛粉、米、麥、黍、草，每年出口，約値二百萬磅。土人多嗜飲，故入口之貨以酒爲大宗。一八七九年，運入燒酒三萬六千瓶，葡萄酒五千瓶，啤酒一萬二千瓶，次年雖取禁，欲使其國人悉行戒酒，而酒之來源不能禁，反增其高價，奚濟於事。次則製造之貨，每年入口之値，約至百七、八十萬磅，其稅所收，歲可五、六十萬磅，而所費亦類是。

論曰：夏威夷纍爾數島，居然自稱爲國，眞夜郎自大耳。或云：是時西方諸國，風帆四出，幾若竭澤而漁，凡屬島地，莫不被其蠶食，彼如不思合力，稱爲一國，何以自存乎。然而合力建國以圖自存意固良是，奈何不揣其本，而齊其末，悉變其舊，以求保護，加麥哈麥哈第二，客死英倫，政權歸於敎會，雖厥後有許其自主之說，而農商所獲之利，未必果屬於其國人。非然者，何以土人遞年減少耶？變法也歟哉！新國也歟哉。

第二十二章　密克羅內西亞三羣小島

臺灣與呂宋之東，日本之南，新幾內亞之北，小島衆多，如蚊如蟻，散處北太平洋中，輿地家綜而謂之密克羅內西亞（Mikronesia）。由北緯十二度至南緯三度，東經百三十度至西經百七十度，碎布海上，分爲三大羣。在東者：曰馬紹爾羣島（Marshall Is.）。在北者，馬利安納羣島（Marianas Is.）。在西者曰加羅林羣島（Caroline Is.）。所有人種，多係保波利尼陝，異於巴朋馬來。馬紹爾或作抹爾姑勒夫羣島（Mulgrave Is.）。在北緯十二度至南緯三度，東經百六十度至百七十七度。由西北北斜舒而向西南南，全數四十六，多低平珊瑚圍澤，面積總共七百五十五方公里，人民五、六萬。又分爲三小羣，在東北者曰拉達克（Rodack），略大，所領之叢一串：曰必假（Bigar），曰市省毋（Chatham），曰亞路士密司（Arrowsmith），曰抹爾姑勒夫，皆係小島。曰伯士加多兒（Pescadores），曰柯沙恪夫（Korsakoft），曰意閭（Aicu），曰加爾泰（Calveit），曰亦伯孫（Ibbetson），皆係圍澤。在西北者曰拉力克（Ralick），略大，所略之叢一串：曰厄什何志（E hbolty），曰蒲郎（Broun），曰馬加士（Margarst），曰莫士客得（Mosquitte），曰巴林（Baring），曰旁鑾（Bonkam），曰庫非爾（Covell），皆係小島。曰亞路詩夫（Arrocifes），曰奧力庫夫（Ancrif），皆係圍澤。在南者曰吉爾牌（Gilbert），略大，所領之叢一串：當南緯二度至南緯三度三十分，東經七十二度至百七十四度三十分，共合十六島，面積二百五十方公里。最大者二：曰都闌摩得（Drmumoud），長三十公里，曰訥斯（Kuon），長二十公里。其餘曰掇得（Put），曰柴洛得（Charlotte），曰孟陶爾（Woadle），曰沁伯孫（Simpson），曰氏登衡（Sydemham），曰路次（Rotik），曰他士勿厄爾（Tswell），曰許兒孫（Sherson），曰淩斯（Lyux）。曰尼韋蘭（Netherlaud），曰亞市衞勒（Achilles），曰厄力士（Ellice），曰禽士密司（Kingsnuth），或作碧鶴（Bishob），皆係小島。曰牌郎（Byrou），曰他碧登那（Tapitenealea），曰何伯（Hope），曰納隙澁澁（Nukiseal），皆係圍澤。一

密克羅內西亞三羣小島　　一三三

路零落遞接，直到斐濟與薩摩亞兩羣島之北，毋拉打克與拉力克兩羣島，地頗磽瘠，人民稀少，且有無人居之島。吉爾牌一島之地則肥瘠不等，肥者草木甚蕃，恆聚成大村落，約計一方公里之地，須給二百人之食。雖其間所產，有樹曰班登(Pandang)，其果可食，土人於坑中薰焙之，謂之茫耿(Mogan)，存爲乾糧。次則椰子，不僅祇供飲食，且可爲油，及作器具。其絲粗者可爲繩纜，細者則爲帆布。麵包果不甚多，惟近人居溼地，種之尚易生。又一種植物曰他加(Tacca)，其根可爲粉，足匹葛粉。此外香蕉與芋，奚足供其生齒之煩。獸類山羊、豬、貓，無有餧飼，多散放成野。雞、鴨之外，他種之鳥，亦不常來。島人身高六尺上下，體壯顴突，色微棕，髮長而光亮，恆赤祖，以他加之葉，爲尖帽，以椰子絲之布圍下體。語言雖皆土腔，似有文法。風俗甚美，體意殷勤，與外人尤交厚。薩摩亞種人之來源，當出於此，分爲三等：上者首領，爲衆所尊。次者地主，具有產業。下焉者爲奴僕，咸以魚爲業。所造魚舟不甚大，以椰樹木爲船舷，縫合緊束，式齊整殊佳。鯊魚、飛魚、龜、鱉，捕之多而且易。有路次(Roch)，狀如鏈，大而有毒。螺蚌之屬，種類尤煩。且殼可磨爲小刀，鯊魚齒骨可爲刀劍，當軍器。響螺之殼，可作號筒。漁船結隊而出，吹之定進退行止。蓋其生計，恃此爲大宗也。馬利安納羣島或作拉都郎尼(Ladrones)，又謂強盜島(Robber Islands)，北緯十三度至二十一度，東經百四十四度至百四十七度，總共十七島並數小島，無人居者五、六島，面積合共四百方公里，人民不及萬。島地之基皆火山，中有水道，橫截爲兩叢，在北者曰巴查拉(Faraliar de Pajaras)。曰兒拉加士(Vracas)。曰亞薩伯向(Assumption)。曰亞姑力耿(Agrigan)。曰巴耿(Pagan)。曰亞連馬耿(Alamagan)。曰假肯(Gaguan)。曰沙力肯(Sariguan)。曰嬰那拉省(Analxau)。曰麥的尼拉(Farallon de Medinila)，或謂之鳥島(Bird Island)。俱係火山，或能活動，或已熄滅。曰善力郎馬(Brilonart)，礁也。曰志連打(Zealandia)，灘也。在南者最大曰誇楊(Guayan)。其次曰氏朋(Saipan)。曰泰寧(Tinian)。曰路他(Rota)。曰鶯孫(Ausou)。皆係小島。曰技爾別斯(Galvex)，灘也。曰山打路沙(Santa Rosa)，礁也。諸島之外，皆有珊瑚礁圍繞。在南諸島，雖有山，地勢略平衍，中有小溪清水，土肥潤，樹木繁蕃，所產米、稷、棉、靛、香蕉、椰子、麵包果、並諸果，尤豐。島濱亦有佳港，景物殊美。其在北者則不然，嶄巖兀兀，到處崛出高於海上千尺內外，童童然不生草木，且有許多火山口，諸濱崎嶇高舉，礁淺而險，並無港。或謂一五二一年，西班牙航海家麥哲倫(Magellan)來訪呂宋，曾過是處，改諸島之名爲拉詐辣列島(Laparus Is.)，島人默然受之。一六六七年，西班牙曾設傳教所於其地，此說毫無事實，不足據也。昔時諸島人民繁盛，十七世記之初，不知何故，竟被西班牙大爲洗滌，人種悉絕，且加以強盜島惡名。一七四二年，安孫(Auson)至其地，見有土人夫婦一對，皆九十餘歲，言諸島原有之人，久已死亡淨盡，今來居者，非出菲律濱，即係加羅林羣島之裔。由此觀之，滄海桑田，較之紅羊浩刼，尤爲可駭。然泰寧島上，尙剩有兩石柱，高十四尺，上有大石半球，徑五尺十寸，安於其頂，似係墓壙之牌坊，迄今猶在。其餘他島類是而小者，亦有存留，則昔人之文明，可以想見。今西班牙收爲屬地，以誇楊島爲都會，改稱曰亞耿那(Agana)，周十九公里，中有頭人，居民僅兩三千，西班牙設主治者駐劄焉。行刑罰之政，頗有商務，出入口之交易，亦惟與西班牙往來而已。

馬利亞納之南，新幾內亞之北。爲加羅林羣島。當北緯十一度至南緯二度，東經百三十六度至百七十度，橫越經線三十餘度，東西相距二千餘公里，而積祇有八百八十方公里。人口三萬。中有兩水道甚闊，分開三簇，在西者：曰姑林麥(Grimes)。曰碧客拉(Pikela)，尙係小島。曰緋士(Eais)。曰

密克羅內西亞三羣小島　　一三四

花邏勒(Faranleh)。曰瑣路(Soral)。曰和菈(Wolea)，或作狎利(Vlié)。曰柯利馬拉惡(Olimaraó)。曰愛華力(Ifalik)。曰沙拉華(Salawal)。曰甬力碧(Eanribik)。曰薩克(Suk)，或作盧蒲薩克(Pulusuk)。相係圜澤。曰衍司(Iouthe)。曰奈爾(Nile)。皆礁也。在中者：曰那莽尼圖(Namounito)。曰摩力冷(Morilen)：曰那摩力被扇(Namolipiafane)。曰他馬登(Tamatant)。曰保盧(Poloat)。曰何故冷(Hogolen)。曰洛沙(Losah)。曰莫可(Mokcs)。曰那母辣(Mamoluk)。曰沙填(Satoan)，或作摩洛克(Mortlock)。皆係圜澤。曰巴志(Paz)。曰菈地厄會(Lady Elgin)，皆灘也。曰希登(Helene)。礁也。在東者：曰保那拜(Ponapi)。曰描時(Musaie)。曰溪西(Kersai)。曰亞生向(Asceasiou)。皆火山島。曰達慶(Dunkin)。曰銘圖(Minto)。皆礁也。曰阿拉陸(Oraluluk)：曰安銘西打(Amicitia)。曰巴慶(Pakin)。曰嬰登馬(Andema)。曰莫隙(Mokil)。曰平拉克(Pinlak)。曰奈假的(Nigatik)。皆係圜澤。更東尚有零星散布至於遙遠者，曰平格拉(Pinkelak)，或作必慶尼(Bikini)。曰嬰母厄突(Emwetok)。曰由志郎(Ujiloug)。曰蕪素(Wottho)。曰如芷(Ujae)。何故冷又自爲一小叢，環繞其旁，百十五公里之內，有名者曰新那屛(Sinaviue)。曰林克(Linke)。曰鶯題婢(Enderby)。皆珊瑚圜澤。有數島，係火山高舉之嶄巖，天氣暢爽，涼風調和，所產檳榔、㭉櫚、椰子、香蕉、甘蔗、丁香、胡椒、竹、桔、薯、芋，皆豐。其他島產巴蕉、班登、他加、他路、麵包果亦不少。土人皆波利尼陝種，壯雄偉，性強毅，皮膚棕色，亦有栗色者，髮長微捲，束一結，垂於腦後。喜嚼檳榔，齒常黑。其衣甚少，以黥刺爲通俗。恆用香花塞於鼻孔之軟骨，鑲以玳瑁特別之飾。而在東方諸島之人，顏貌則較白，似非與之同種者。何故冷之東，有島曰由拉連(Ulalau)，在北緯五度十九分，東經百五十三度六分，周二十四公里，有港能供淸水魚果。或謂西班牙船主非拉博(Iapey de Villabos)既得呂宋後，欲收加羅林羣島，稱爲新菲律濱(New Philippine)，以屬於馬尼拉政府。然西班牙於諸島，並無設立之區，豈有甘棄權利．抑此說亦係無根之語也。保那拜長十四公里，闊十二公里，島上之山，高二千八百五十八尺，樹木蓊翳，人口五、六千。一珊瑚礁，由伸展而出，約三公里，分開七里，有數美港，天氣和平。有人居其中三年，測得華氏表温度平均八十度，所差上下，不過九度十度之間。每年和風盛吹．暴雨極猛，雷電御鮮。馬來嘉果恆生其上，樹易長而果尤甚。溪西或作那連 (Nalau)，長八公里，闊七公里，上有山，高二千尺，樹木亦盛，地氣甚溼，卉草亦甚滋生。保那拜與溪西並亞生向三島，皆有美國人設立傳教所。保那拜旁有一港曰麥他連寧 (Metalanieu)，上有古蹟。臨溪一大牆，爲三角火山石所建，長三百尺，高三十五尺，溪上開一柵門，柵高四尺，係火山石條鋪平，行人過之，入一大院，院內視週圍之牆，皆高三十尺，中央有一台，高八尺，闊十二尺，亦係三角火山石所砌。其間全無樹木，惟有寄生之藤，由臺基攀緣而上臺頂、臺旁又有低牆，由北至南，截爲三部，每部中央有緊閉之室，方十四尺，皆火山石條所建。屋頂亦係此石爲蓋，不大平整。臺前一路，至於柵門之石板，皆寬二十五尺，闊八尺，一路平鋪，直至向水處而止，不知當年建此何用。溪西亦有昔時所建石堤，尚剩一角，長一公里，高十二尺。此項工程，雖依斯題上石像之奇．而昔人當年之文明，似出今日蠻族萬萬矣。加羅林羣島之西曰卑劉小叢島 (Pelew Is.)，亦謂西加羅林 (Western Caroline)，距菲律濱之東六百公里，在北緯四度至十度，東經百三十二度至百三十八度。所括十島，又附有數小島：曰狎爾希(Ulmhi)，或作馬慶志(Mackenzie)。曰依力符(Elevir)。曰葉伯(Yap)，或作厥伯(Gnap)。曰巴白得索卮 (Bebet Thohah)。曰馬持洛得 (Matelotes)。與卑劉皆係小島。曰南鶯都留 (S. Andrews)。曰北馬利兒 (N. Moriene)。曰希冷加題勒 (Helen Carteret)。曰索麥林

（Thomelin）。曰素洛爾(Sord)，或作非力(Philip)。曰假途兒(Garduer)。則有礁有灘有圍澤也。巴白得索厄最大，長三十公里，一山在其北，覆以嘉木，土人取爲船，可載三十人。其人似波利尼陝，色較暗，殆有馬來巴朋所參雜，食薯、芋、椰子、香蕉、蔬果。一七八八年，羚羊(Antelope)船壞於其地，船主毋亦孫(Wilson)云：在島中數時，覺島人性情友善，意思精細，行爲禮貌，勝於加羅林羣島之民。島上有王名亞巴獵(Abba Thulle)，王之子名梨瓠(Lee Boo)。毋亦孫歸時，偕梨瓠至英，衆見其少年，志向優美，咸羨爲文明國後起之英。未幾，梨瓠忽病痘死，是症傳染徧英國，厥後歐人至是島者，土人接待之禮頓衰，殆有所憾也。葉伯島亦略大，在東北，上有山亦高，中有寶石礦，其旁有珊瑚礁數小島，勢低下，半無人居，卑劉或作巴勞(Paloas)，亦係略大之島，德國博士森牌(Dr Garl Sempdr)居其中十閱月，言其風俗甚褻，漫無約束，女浴而男可臨觀，或同浴於海濱；偕潛水底，良久乃抱持而出。女服甚儉，僅兩片樹葉護下體，前後至膝，而開其旁，腰束以帶，有時葉被水漂，一絲不掛，有嘻笑聲，無羞惡態。廣衆如此，其他可知。又有所謂克洛牌哥爾(Clobber Goelle)者，會場也。男女年紀相若，皆可入會，如兄弟姊妹焉。會中雖有首領董其事，而男女各取自由歡樂而無禁。其王嘗告西班牙貴人江渣勒字(Gongalez)云：本國之朝禮如爪哇及馬來諸部，皆通行上等有禮之語言，平常人粗俗之語，不能用之於上。王有考選武士之權，照例先由考官選錄合格，請王定案，而王可任意顛倒，斥其所錄取落〻之遺材，以表精明。既取錄，與以克力爾(Kliit)徽章，乃海魚之頸骨，然其壓重職銜，竟可購買，祇費幾許玳瑁殼便得。馬紹爾羣島之東，又有一串小島：曰非尼斯(Phacnix Is.)，自北而南，約與馬紹爾並列。而非尼斯之內則十五島，在北者曰何連(Halland)。曰非伯(Phoebe)。曰馬利(Mary)。曰亞輝(Arthur)，曰鑠(Mc Keab)。曰假題(Gardnar)。曰牌母

（Birme）。曰胡爾（Hull），曰鶯題婢（Enderby）。曰席得貳（Sidney）。在南者曰都克連（Tokelan）。曰亞拉府（Alafu）。曰紐坑奴奴（Nukunono）。曰花庫乎（Fakaofo）。至此則下與薩摩亞之北相接矣。諸志皆不言其情狀，似尚未細探也。而諸叢之外，若干小簇，零落散布北向而上，至於夏威夷羣島之南，而諸誌亦無提及。且以諸圖較之，卽論密克羅內西亞，所紀之島名方位，恆多互異，乃知輿地之學，眞可望洋而歎矣。英船有名激戰者（Challenger），測量太平洋水道，謂馬利安納之西南，當北緯十一度二十四分，東經百四十三度十六分之處，其水極深，約四千五百七十五拓（Farhoms）。馬利安納與加羅林羣島之西，海底有一深漕，二千二百拓至二千五百拓不等。由此相續，至日本鄰近處。每拓合英六尺，測量所有之繩也。特附記之，以備後人測驗，庶知滄海之有無更變也。

論曰：神仙傳言，麻姑告王方平曰，東海三變爲桑田，向到蓬萊水淺於往昔，今東海得復塵乎？列子則言：東海有五山，岱輿、員嶠、方壺、瀛洲、方丈，似非虛語者。加羅林羣島中，保那拜之遺跡，雖遜於依斯題，安知非如泰寧島上，曾經洗滌乎。大抵吾國當秦漢之時，樓船之製，雖不及近時汽船鐵艦，而航行之術，承越國習流之後，必有獨精。當風帆遠引，故能知有海外奇跡，惟附會託於神仙之說，爲史乘所不錄。由是東海揚塵。更歷若干度，無有齒及者。徐誌祗知南洋諸島之名目，魏誌雖言有會島，語亦不詳，皆係推求舊史之誤。歐人處西海，與東海諸島，故風馬牛不相及，竟先後陸續探出遺跡，留連惋惜。毋連慶言：薩摩亞與東加兩羣島之人，似皆中國人遺種，從菲律濱遷東一帶小島，遷徙而來，皆非故作欺人之說。安得後起者，一往以徵其實，足補舊史之不及而傳之久遠也。

第二十三章　新西蘭三島

太平洋之南有三島：曰新西蘭（New Zealand）。其間兩大一小，相聯一串。北島之北角，在南緯三十四度十八分，南島之南角，在南緯四十七度二十分。相聯直下，跨十三平行之緯線。西角在東經百六十六度三十分，東角東經百七十八度三十分。北島長四百公里，南島長九百公里。兩島相隔處，曰庫克海峽（Cook Strait）。南島之南，又一小島曰斯特瓦特（Stewart），與南島相隔處曰和苞斯海峽（Evoenx Strait）。三島總共面積十萬六千二百六十方公里。北島本名地愛加（Teika），或作畝亦（Maui），今改爲新狎士題（New Ulster）。此兩島最大，斯特瓦特小島在其南，亦有稱之爲南島，然非兩島之匹。今改爲新冷士題（New Leiuster），所改之名雖新穎，不甚通行。兩島原有之種人曰麼利士(Maoais)，相傳六、七百年前，其祖宗從散得維齒羣島遷徙至此。然散得維齒距新西蘭東北，四千公里之遠，當時其所用之小舟曰亞馬他他（Amatiatia），雖無帆可免覆溺，安能遠涉如許長途。似係薩麼亞叢島遷徙之種，距新西蘭之程途差近，順流南下，來此開山，於理尙合。惟其土人中，亦有皮膚暗棕色，又似新幾內亞之巴朋，或出於黑人之裔，想其來時，同侶之人，非僅出於一種，抑其前島上本係有人，或其後有踹蹤繼至，遂自參雜皆不可知。惟以波利尼陝槪之可矣。至於男女黥刺，捲髮與否，係習俗之造作，不足而定人種也。土人自言初來時，僅亞馬他他七舟，皆獵夫漁夫，載眷屬及狗至。島上樹木雖多，無麵包果香蕉椰子可以充食，亦無走獸足以圍獵。惟數種無翼無尾之大鳥曰麼亞（Mao），大者高十尺半，小者亦三尺餘，卵長十寸，闊五寸，羣聚海濱沙帹樹林，或河畔孔穴中，乃獵之，烹以爲糧，棄其骨於澤潦土窟，今掘地往往見之。此鳥既盡，則烹狗。狗亦盡，而所種之甜薯瓠瓜，及他種糧食巳蕃。以木或葦，結爲廬舍，又倣亞馬他他，建造小舟曰華家（Wakka）。又謂之亞拉華（Arawa），取土產之苧，織爲蓆與布，以樹皮草根染之。以石或木或壳，爲軍械器具，並築堡壘，聚爲村落，圍以濠柵，分爲部落，各有頭人爲政。其人言語雖似波利尼陝，猶存薩摩亞土腔。身體雄壯闊大，間有美而直髮者。黥刺則男多於女，至有臉上所刺之花紋精細，即梨園所藏之臉譜，亦無其奇。雖無文字，而善雕刻繪畫，神廟頗多，其柱與楹，多刻怪異之像，謂保紀其昔時戰功，或先世留傳之古典，或追念其亡人之德。精於天文，分一年四季爲十三月，各有專名，以第一新月，爲新年之始，一特別謂有專星，淸晨始見。又分諸星宿躔度而名之，謂有似屋，似舟，似衣裳，似器械者。各種草木蟲鳥，亦分別以名焉。此學似與新幾內亞種人相彷彿。其量物以大指小指張開爲度，若步若拓，又似歐人之古法。然無錢幣，以貨易貨，尙不至於男有餘粟，女有餘布也。常唱口傳之詩歌，諸廟有祭司，陳祭品，徵識兆。大演說，禮制隆重，頭人之子，須一演說家，一誦詩人，一武士，一獵夫，一漁父，爲之傳，朝夕口授以導之，其所謂文明如此。游戲之具，若風箏、跳繩、跳竿、角力、高蹻、捉迷藏，皆無異於他國，南部之頭人，有時不睦，激動爲戰，勝者凱旋，不免亦有剽刼俘虜焉。西人之知是島也，係一六四二年，荷蘭航海家他士孟（Tasman）至，探考其西濱一帶。一七六九年，庫克至，穿越其兩島相隔之海峽，探高其東濱。既而英屬澳洲新南威爾士（New Sooth Wales）部，發配流徒，使之至此開墾。而捕鯨船之水手，亦陸續繼至。及漸繁盛，商人亦來。一七八七年，英世爵低衡（Lord Durnam）提議，收是島隸於英，無庸定租約期，但設一陸地公司（New Zealand Landcompang）主持其事。是年冬，由威廉少將（Calonel-William Walkefield）

領千二百人至，爲擇地殖民久居之計。先定庫克海峽尼楚孫（Nicholson）爲海埠，以其內地威靈頓（Wellington）爲居留之所。遞而漸拓漸廣，如奧克蘭（Auckland），新蒲萊茅司（New Plymonth），尼爾孫（Nelson），阿他故（Otago），鏗題牌利（Canterbury）各要地，幾將布滿，而傳教所亦隨以來。蘇格蘭教堂設於阿他故，而英之教堂，則設於鏗題牌利，皆由英本國資給以助之。時與土人爭地。大戰小戰，不知經歷若干次。土人軍械既劣，奚足以敵砲火，徒供殺戮，安能抵抗，祇得節節而退，任其所爲。一八四零年，英始實行占之。一八四三年，移民萬三千人。一八五四年，移民三萬二千五百人。一八六〇年，增至八萬人。一八六五年，至十九萬。一八七四年，至二十六萬七千。一八八一年，至四十九萬。源源而來，有增無已。因金礦發露，爭趨如鶩焉。一八五一年，乃設政府，付其費二十六萬八千三百七十磅，由本國簡一行政大員，權倖巡撫，並設兩議會，如英巴力門（Parliament）之制。一會爲立法，即上議院也；額定四十五議員，皆由本國任命。一會則由民間選舉代表，即下議院也；八十八議員，北島三十二，南島五十二，而本島原有摩利士種人之額，僅四員。鳩居鵲巢，喧賓奪主矣。每議員全年薪費百五十七磅十先令，選舉及候補者之資格，在郡須有五磅，在邑須有十磅。產米之租金，或本業能得五十磅者，其家屬乃有投票之權。因循時部落地勢，分爲九郡，北島四郡，領三十二邑，南島五郡，領三十邑，而斯特瓦特島，僅爲一邑。

奧克蘭一郡，包括北島北方之半，長四百公里，闊二百公里，面積一千七百萬英畝。沿濱多缺口，並有數河，可以航行，供載運內地土產之用。分爲三部：曰北半島。曰東濱，地坪較大，爲土人所居。曰威加圖（Waikato），中有一大河，發源於多蒲湖（Lake Taupo），流於西濱之威加圖港。其地非火山紅泥，即堅磧黃土，天氣溫和，所產之松曰柯利（Kauri），高百五十尺，其徑有大至十五尺者，是爲造船材料，係出口大宗之貨。其樹膠產於樹根之下，可爲和漆作畫之用，亦商貨之所貴。金礦則在湯麥（Tnames）谷中。英人所居之地，廣不過二十公里，而是處通航之水，有時而鹹，有時而清，尤爲奇妙。其餘山坡遞接，多成闊谷，密樹罩之，並有小火山，與火山口頗夥，且有熱泉甚大。澳克蘭之城，乃新西蘭中最大者。在威加圖之北三十五公里，爲是郡首邑。近孟南肯（Mannkan）港口之濱，四圍衆圓頂火山，上布密樹，有一已息火山曰依登（Mt.Eden），距城一公里，風景宜人。城內外居民四、五萬。而湯麥谷礦地之人民，亦有二、三萬。次爲他連那器（Taranaki），從前稱之爲新蒲萊茅司是也。在北島西濱，地坪特小，僅沿海濱長百三十公里，面積不及二百萬英畝，所產新西蘭學，極有名，爲商貨最。沿濱鐵沙，深二至五尺，爲是地特出礦產。有厄格茫火山（Mt.Egmont），峯高八千二百七十尺，頂有積雪，化爲流泉，灌漑山麓之土甚肥。種植豐茂，山坡亦多佳木。首邑即名他連馬器，距厄格茫之巔，十八公里之遠。城內人民不過三、四千，全郡約有二、三萬。歐人則有五千餘。咸謂其地爲新西蘭之花園，其景之美可想。惟土人遞年減少。哮器海灣（Hawkes Bay）一郡，在北島東濱，與他連那器相背對峙，其北界於奧克蘭。面積四千一百二十四英畝，雖多淤積平原，有小山，岡巒重疊，由海濱遞接至於母闊型山（Rnanine Monutain），此山即係西界，與他連那器相隔者也。樹林稠密，多貴重木料，其中由亞許利（Anurri）平原展至那被兒（Napier）以南，廣八萬英畝，盡爲種植地，無須肥料，收穫即豐。其北向則種英之芻草，餧飼綿羊牛馬，孳乳甚蕃。綿羊多至百餘萬，牛兩三萬，馬六、七千，即豬亦有數千，皆從前兩島上所未有。首邑即曰那被兒，位在半島上，乃厄士克（Esk）與都地谿利（Tulaek Knrri）兩河之口。有一美港，出口商貨，以土產羊毛爲最。居民盈萬而全郡不過四、五萬。威靈頓在北島之南，東界哮器海灣，西界他連那器，北界奧克蘭。其大不及奧克蘭之半，長百八十五公里，闊六十公里，面積七百二十萬英畝。北有閭被休山(Mount Rnapehn)，巍然高九千一百九十五尺。並唐加利路（Tongariro）活動火山，山脈分枝，平行南走。中多肥沃之谷，溫度全年平均五十五度。最冷之月四十五度，最熱之月六十四度。山上皆罩佳樹，谷中種麥與小麥大麥，所產甚豐。並有牧場，綿羊莊甚廣，出口羊毛甚美，爲大宗商貨，而木料樹膠，牛羊脂倘在其次。首邑卽名威靈頓爲新西蘭兩島都會。因地勢在庫克海峽最窄部位　以尼楚孫海埠爲中點，外有一闊大之港，立爲船塢，能造任載二千噸之船。又據于彎耿尼（Wongonni）馬那華圖（Manawotn），毋閭馬韓加（Rnamahunga）諸河之口，並有汽船送郵於各埠各島各國，尤便利也。惟其地恆多地震，一八四八年，因地震幾致全毀，故屋宇皆用木料。縣邑人兩三萬，近年加增尤多。尼爾孫係南島極北一郡，展布於西北濱百六十公里，衆山高下，參差不齊，樹林湖谷，景像如畫。最高之山曰符迎克林（Mt. Fronklin），巍然踰萬尺，諸谷肥沃，種植豐收，礦質皆盛而富，鐵苗、煤層，灰石、銅、鉛、皆備，金則在積淤與晶石紋中。近馬沙庫利海灣(Maccaore Bey)處，姑林吳得(Corlingwood)邑，建成一隧道，長一千尺，盡開九層之煤，厚十六尺，煤質固佳，惟其內夾有鐵石。尼爾孫一城，係屬郡會，位在白林海灣（Bling Bay）小港中，夏不大熱，歐洲果品雜樹，所生豐盛，尤勝於英，人民萬餘。馬爾保料（Marlborongh）在南島東北隅，地坪甚小，僅分尼爾孫東邊少半部位，有山脊一道以隔之，層層開合，成有諸谷，上多樹木，下爲農圃牧場。威連（Woiran）山谷之土尤腴，其北伯勞辣海門景界尤佳。山谷之佳木，內地之流泉，掩映如畫。地鮑芾兒(Devonshire)尉鑾壓馬(Wakamarma)兩谷皆產金。所出羊毛木料，尤爲工業之要。首邑曰碧唐（Picton），在柴洛得后海門（Queen-Charlo ta Sound）島上，與北島尼楚孫海埠遙對，中有最穩之港。山海之間，布以綠田。英國花草甚富。碧唐之南十八公里，一邑曰伯冷莧(Blenheim)，在威連河上，亦屬要地。距岸有一鐵路，與碧唐相接。全郡人民三、四萬，鑿題牌利在南島中間之東濱，一八六四年，始開爲郡。長約二百公里。其西界威士蘭(Westlond)郡，有南亞爾伯大山脊(Sonth Alps Monutain)分隔，蜿蜒綿亙，諸峯尖峭，皆逾萬尺。皚皚積雪，凝成冰田，融化冰泉，奔流而下，不讓於瑞士之景。高原之處，土尤肥腴。天氣雖乾而多霧，冬則鮮凍，卽雪山與南極冰山之風，亦復温和可悅。所產穀麥雜糧菜蔬芻草皆豐足，牲畜孳乳頗衍，羊毛皮革乳苧，俱係出口商貨。金礦未開發以前，人民生計，全在於是。雖有桑樹，而蠶絲不甚旺。全郡分爲十二選舉區，以基督教堂(Christchurch)爲首邑，在於亞磐(Aveh)河上，距利得堂(Lyttleton)海埠八公里。是處有一鐵路，穿通一山洞，長約二公里，費至二十萬磅。基督教堂之北十二公里，有邑谿亞沛(Kaiapoi)。利得唐之南，有邑曰丁馬閭(Timarn)。全郡人民五、六萬。郡中居人之屋宇，皆園英國籬，植英之花卉，游乎其間，儼如英格蘭風景。加以政府公廨，普通學校，俱爲地方所必需，而博物院藏有無翼大鳥靡亞之骨殖。威士蘭，譯言西陸也。長二百公里，闊三十公里，在鑿題牌利之西，中隔南亞爾伯山脊。山最高者庫克山(Mt. Cook)，高一萬三千二百二十尺。其次曰買市孫(Murchison)，打毋引(Darwin)，蓍留斯題(Brewster)，和百士(Eorbet)，汀陶爾(Tyndall)，器司莊唐(Keith Johusston)，皆屬雪峯，高踰萬尺。惟中間有斯突克山(Stokes)，僅高七百尺，可繞越穿通，聯絡兩郡。此外衆山高峭崎嶇，而冰泉流入諸河，雖能產魚，亦不甚旺。而金礦產於積淤水中甚盛，掘至深處乃見，是以引動居民之數增大。且其海岸之沙亦含有金，足敷淘洗工値。其餘煤、鋁、銀、鐵、錫，皆已次第開採。首邑曰何器剔加(Hokitika)。沿濱無港，進口頗難。阿他故一郡，包括南島之南盡處之全，北界於鑿題牌利與威士蘭兩郡，設立最後，專爲蘇格蘭遷徙殖民之地。在南緯四十四度十八分至四十六度四十分，東經百六十六度二十五分至百七十一度十分。雖近寒帶，霜雪殊鮮。華氏表全年溫度約五十度上下。雨量三十寸。衆山有高出九千尺以上者。平原之土尤肥，最宜種穀，牧場特盛。大湖甚多：華器的菩（Wakatipn），地嬰那（Teauan），孟尼波利（Manipori），彎那家(Wanaka)，夏毋夷(Howea)。一八六一年，金礦發露於杜亞皮加（Tnapeka)河積淤中，或晶石紋絡間。其地在其首邑丹尼丁（Dunedin）西南西四十五公里。一八六三年，出口之金，萬一千七百十三兩。至一八七三年，出口金數值七十三萬四千零二十四磅。一八八一年，出口統計共值一千五百萬磅。後則漸減矣。丹尼丁在柴爾買海埠(Port Chalmers)內九公里，街道廣闊，公廨、銀行、教堂，裝飾華美。植物園、公會場、球場、跑馬場，其外周圍一大道，謂之邑帶。人民七、八萬。此外要邑曰引裴加吉爾(Invercargill)，曰南陸（Southland)，曰惡馬盧（Oamaru)，曰柴爾買海埠。全郡人民十六、七萬。按新西蘭兩島之戶口，原無一定之數，歐人源源而來，遞年而增，而土人死亡流離，則遞年而減，兩數相抵，似差不多。惟金礦衰旺無常，金苗盛時，趨利者爭麕集，若無大利，則零落廢然散去，游移遷徙，較潮之漲落更無準率。以上所言者，不過略舉其大概耳。

兩島之地，雖多樹木，所奇者則在湖山。北島火山盛，遂有熱泉。南島雪山多，遂有冷泉。雖兩地之冷暖不同，其山脈皆由北盤旋而南走。北島奥克蘭郡，有兩山曰闊亞伯胡（Ruapehn)，高千一百九十五尺。曰東加利路（Tongariro)，高七千尺。皆係已滅火山。中夾一河，即導多蒲湖水，歸於西海之威加圖河也。多蒲湖景甚美，居北島之中心點，長二十五公里，闊二十公里，高出海平一千二百五十尺。湖水極深，作洪碧色，其旁環繞排列衆火圓峯，成一高原，高一千尺。其西之峯，則峭而直。湖之南，衆圓峯之後九公里，又有一湖曰路圖意拉（Roto Aira)，高出海平一千七百尺。多蒲湖與威加圖河相距二十五公里之間，沿岸噴發熱泉甚多，泉眼自地中熱井湧起，激逼上騰，洶湧衝越之聲特大。衆井排列谷中一公里之遠，其泉忩熱，如百沸之湯，蒸氣濛騰兩岸，若白雲舒展紓徐之狀，其熱泉沸水，散落河畔，爲白石堆阻，則旋轉成爲起泡，匯入河心，則推波助瀾，流勢甚急。何次士得題博士（Dr. Hoohstettar）曾遊其地，言熱井七十六座，其泉列噴甚高，或間一時而作，或兩時而作，此停彼起，多所更變，似其下火山之泉脈，衝激之力，亦非一致，所含皆矽氧硫磺之質，距多蒲湖東北北四十公里，叨連假（Tanrango）邑，又有一簇之湖，故或稱其地爲湖邑。湖之大小，數共十六，占地長二十公里，闊十二公里，在白凌地海灣以內亦約四十公里。何次士得題言：是地乃熱泉之帶，與他地不同，雖有粗率峯巒，圍以樹木，而東加利路火山之脈絡，若素爾花他拉(Solfataray)，若蕃買路勒(Eumeroles)，所噴火山泥無數，此地他拉孟拉（Tarawera）諸湖，特其餘緒耳。蓋他拉孟拉山，卽在其東，故以山名而稱湖焉。其次則爲母路都那湖(L. Rotorno)，橫闊六公里，中有一圓形之島。湖岸熱泉無數，噴氣爲害。而圓形島上一火山大口頗深，曰母路圖馬那（Rotomahana），或稱爲煖湖（Warm Lake）。雖不甚大，其沸泉多矽養，湖濱無他景，惟蒸氣雲團團上冲空際，濛騰遮蔽，前後不能相見。環湖之間，若煎若沸，激駁有聲，皆從熱泥沸水中來，其水全在九十度以上。湖東北盡處，有所謂地他拉得(Te Tarate)者，較高於地面八十尺，在山坡叢莽上，有一極大火口，凹深若沸鼎。環繞崎嶇之石，高三、四十尺不等，祇有一缺處向湖，闊六十尺，其內熱泉，面雪白而底深藍，熱至溫度百八十度，騰沸而起，高數尺，卽其沸點之力。其淨白者，俱係矽酸，蓬勃騰溢，從缺口流下山麓，匯成一湖，廣三英畝。淺處水白，深處水藍，配以火山紅色基土，林陰青蒼之色，蒸氣雲氤氲盤繞於其間，誠天然浴池，絕好妙景，世界到處皆無其匹。南島之湖，著者曰地加坡(Jake Tekapo)、在鏗題牌利郡中，長十五公里，闊二公里，其來源出於南緯四十二度三十分，庫克雪山之旁。冰田之水，化爲冷泉，流注於湖。其上之冰田曰姑得利（Godley），聯合跨占諸雪峯之地甚廣，其流加坡湖者，僅一枝耳。此外又有兩湖：曰抽加器（Tukaki），曰惡行（Oahan），皆爲威他器（Waitaki）河之源。哈士得博士（Dr. Haast）言：抽加器湖長十公里，闊四公里，尚在冰田之冷泉限內。湖中有小島，高出於湖百八十六尺，樹木蓊蔚，若築別墅於其間，圍以小園，誠屬清幽好景。他士孟（Tasman）河長十八公里，其源即出於他士孟冰田，順流而下者。冰田略南之冷泉，分枝流於低地，成諸湖尤大。曰彎挪家，長三十五公里，曰華的器菩，長五十公里。更南曰地嬰挪，皆在阿地故郡之西北。其湖底則在海平以下，湖中渣滓，皆由冷泉送出，其流雖急而澄澈，在羣山環抱中，俱成碧色。

兩島天氣和平，既無霜雪，雨澤亦復稀少，且常無風。庫克海峽中，全年不見波浪。其地質北島多火山石硫磺，而橫島則粗石灰之間，有可貴之綠玉，金礦尤爲著名。據云：倒有三人在馬爾保料郡中夏非洛克（Havelock）地方傾倒一枯樹於河畔，掘沙泥一袋，洗之得金三十兩。又有一人在阿他故郡杜亞皮加河中，一日淘得三十八兩。此原一時僥倖之事，到處傳聞，皆謂每人一日之工，至少可得一、二兩。於是數月之間，來掘者增至萬六千餘人，勢尤未止，有識者謂其皆染金熱之癘疾（Goldfever），幸不幸則視其人之命運，安能盡人皆發富耶。銀盛於連吉圖圖山（Mt. Rangitoto）。銅出於巴利兒島（Barrier Is.）。錫產於菩禮（Buller）。鐵苗鐵沙，皆在於庫盧母（Chrome）。先後開採，俱有成効。其地從前無胎生之物，惟有一種小鼠，謂之科兒（Kiore），亦係摩利士丹中帶來。哈士得博士言：南島雪山處，曾見一獺走入冰川，後人驗之，皆無影響。摩亞大鳥所遺之骨，似亦駝鳥之類，其種已絕。今之島上，尚有無翼無尾之鳥，不過無摩亞之大。曰器毋亦（Kiwi），或作厄伯題利斯

（Apteryx，）即無翼之稱也，其羽似髮，與尋常之鳥異，喙長而彎，夜間出食蟲蟻，及草木之實。不能禦狗，似不久亦將滅絕。其奇者曰鴞鸚鸚鵡（Oweparrot），羽毛綠色如鸚鵡，眼睛圓大，則如鴞鴞，目旁並有一環小羽，闔之如瞼，故合二者爲一名。居於樹根或地孔中，亦係夜間始出，能攀樹枝，而飛則甚艱，好肉食，恆啄綿羊與羔之背以果腹，爲人所恨，北島之人，嗾狗獵之，業已剿滅。惟南島西濱，尙餘幾許，有所謂休意（Huia）者，大如鴉，羽毛黑色光潤，雄者喙直，雌者較長而彎如鉤，雌雄互異，是亦鳥類之奇。又有神父鳥（Parsonbird），頂有白絨球甚美，似係鸛鵨之類，能歌唱，並傚各獸之聲。餘則鸚鵡與鳩而已。河水中有鱔。次則曰白餌（Whitebait），其狀甚小。蝴蝶約十餘種，蚱蜢與促織則較大，身長二寸餘，後腿長至四寸。有一種爬蟲曰赫題利亞班他他（Hatteria Punctata），似蜥蜴而大，較鱷魚而小，皮而不鱗，色棕黃，是其所特別者。植物除柯利松與苧外，樹木鮮有美麗秀色之花，即平常矮樹，其花皆作暗綠色，惟鳳尾草之類甚多，有盤樹幹而生，如藤如苦。迨英人至後，兩島之風氣，儼然大變，雜種歐洲花果蔬菜外，並畫一千萬英畝，補種柯利松與苧，因此二物，乃其土產之專利，又畫二萬萬英畝種穀，用汽機農具十餘付。四、五百萬畝爲芻牧之地。鴨貓狗，尋常家畜可勿論。綿羊孳生約二、三千萬，牛七、八十萬，馬十餘萬。豬三、四十萬。每年羊毛出口五、六千萬磅，皮革脂乳不可勝計。其開闢之費，雖負公債千三，四萬磅，年收地租關稅四、五百萬磅，所費不外三百餘萬磅。設一中學，一農學，一法學，給與基本地三十五萬畝，並院博物院藏書所。又設一大學，亦給與基本地二十萬畝，較前清學田之制尤豐。此外技藝學堂，文法學堂，遍及男女孩之小學無數。諸邑諸村，皆有公共藏書所，閱報所，總計兩島大小學堂六、七百，教員千五、六百，生徒四、五萬。又設鐵路，初時北島，由奧克蘭之北十七公里起，向南而下百公里，又由東濱那被兒，穿越威靈敦唐，再由霍斯敦(Foxton)西濱分枝而上，繞彎耿尼，起新蒲萊茅司，至威杜他拉(Waitotara)。南島則由基督教堂與利得敦通至丹尾丁島南鏗伯爾鎮(Campbell Town)，再由引衣加吉爾(Iwvercargill)分枝向北，經慶士唐(Kingstown)至華器的菩湖，陸續展拓，徧於海濱要地矣。又修馬路，入於內地各邑，並有水線電信通於澳洲，無一不便於民焉，可謂盛矣。然土人則言英人來後，微特歐洲之花草牲畜占滿吾地，其船上帶來那威大鼠，竟殺我料兒小鼠淨盡。無怪吾原有之人數四、五十萬，今所剩者不過三、四萬，弗及從前十分之一。恐不久族滅矣。傷哉！

新西蘭南島之南，尚有第三島曰斯特瓦特，長僅四十公里。諸濱多不整，面積不及五百方公里。與南島相隔之和苞斯海峽闊三十公里。惟島地弗若其上兩島之大，因其附近於南島適南之處，故與地家遂並而言之。島上多山，樹林尤密，多係貴重木料。山谷肥潤，頗宜種植。從前本無居人，今則捕鯨者與土人占居之，爲數不多。鐵沙甚富，或云其中尚有貴重礦質，尚未發露。有海門曰巴題孫(Pateron)，曰皮假薩(Pegasus)，皆係美港。海濱四圍之魚特盛。新西蘭之外，尚有數島，散居南太平洋中，雖相隔稍遠，與地家亦錄之，附紀於後

奧克蘭，與北島之北郡同名，距斯特瓦特之南二百五十公里，在南緯五十度五十六分，東經百六十六度七分，係一大並數小之叢島，總共面積一千九百六十七方公里。山最大者長三十公里，闊五十公里。其山曰厄登(Eden)，高一千三百二十五尺，罩以佳樹，皆高五十至七十尺，火燒石、綠石、礬石、頗多，火燒石之堆，有高至三百尺者，有港曰勞毋薩(Lanrie)，內有高等磁石，其間花草甚繁，或黃或紫，皆美而豔、並有紅色白合。鸚鵡與鳩亦有之。天氣過溼，多暴雨，且較新西蘭而冷。雖云屬英，而久荒無人居。

鏗伯爾島（Campbell Is.），距奧克蘭島之東南百八十公里，在南緯五十二度三十二分二十六秒，東經百六十九度八分四十一秒，周圍三十六公里。有山高千五百尺，樹木稀少，其花草約與奧克蘭同。火山石、沙石、白堊、英石頗多。並有數港，亦無人居。然與奧克蘭兩處，皆藏貯糧食，令人守護，以備探訪南冰洋之船或壞船之用。

馬魁利島（Mnequarie Is.），距奧克蘭島尤遠。在南緯五十四度三十分，東經百五十八度五十八分，南北長二十五公里，闊四公里。上有山，蓋以草木，有深林藪處，產一種特別鸚鵡。鯉魚甚多，捕鯢者恆集於此。

鷔的波得島（Antipodes Is.），乃一小簇石島也。全係火山構成，高者約踰千尺，皆削直危崖；下則蓬蒿豐草滿焉。在南緯四十九度三十二分，東經百七十八度四十二分。鷔的波得一語，譯言兩人足底對印也。是島雖在南半球太平洋中，卻與北半球法國齊保兒(Cherbonrg)海岸之巴符禮(Barfleur)，與英屬之生物小島（Island of Wight）如行人之足底，翻倒對印，此說固合理，其辭甚褻。然鏗伯爾島，亦與愛爾蘭西濱許安囊(Snanuon)河口之西三十公里相對。

柴省母島(Chatham Is.)，一叢三島，並數小島，在新西蘭之東，距庫克海峽略南四百五十公里，當南緯四十三度四十八分，東經百七十六度五十八分。曰威利夸利（Wairikari），曰比得（Pit），曰姊[illegible](Sisters)。威利夸利最大，即柴省母本島，長二十五公里，周九十公里。有山不甚高，多火山石、晶[illegible]片石、灰石、火石粉。且有澤地，雜樹頗盛，鳳尾草及美麗諸花約十餘種，並有鸚鵡諸鳥。一[illegible]年，蒲郎唐（Cronghton）船主初至其地，見土人披鯢魚皮之衣。一八三一年，歐船載新西蘭八[illegible]其地。一八四〇年，的凡伯司博士（Dr.Diffentath）至，見從前千二百人，僅有九十，皆自稱爲摩利阿利(Morioris)人，而語解猶是新西蘭摩利士土腔，殆與波利尼陝參合可知。今是島居人不過二百，所畜牛羊，專爲捕鯨船所需。

谿馬的島(Kermadee Is.)，係一叢小石島。距新西蘭東北五百公里，在南緯三十六度十六分，西經百七十八度三十二分。其大者三，曰山地(Sundey)，曰馬柯利(Macanly)，曰谿的士(Curtis)。谿的士郎谿馬的，周十二公里，高千六百尺，危崖突兀，罩以樹木，寂無人居。其南有礁曰夏裵(Haver)，曰厄士牌遼斯(Esperance)，其西亦有一礁而無名。

那和克(Norfolk)，距澳洲之東九百公里，其方位已詳於碧得康島之後。西北角一山曰彼得(Mount Pitt)，高千零五十尺，圍繞是島大部份，有流泉下通小谿入於海。雖無港，天氣清爽，亦易登岸。上有一高原，白櫟美松，高逾二百尺。山坡溪畔，皆綴以鳳尾草，粧點若園林。鸚鵡有白尾者甚美，餘多澳洲遷徙之鳥。一七七四年，庫克到是島，移碧得康島人，百九十四居之，建築房屋，有羊二千，豬與雞鴨，皆英政府所給。除種植外，多以捕鯨爲業。其南三公里，有小島，曰非力(Phillin I)，長一公里又四分之一，亦略高，樹林甚密，其旁更有數小島。

羅何爽島(Lord Howe Is.)，在那和克西南南，稍近於澳洲。當南緯三十一度三十分，東經百五十九度十分。長五公里半，闊一公里半，火山構成，島南盡處，有山曰哥兒(Mountgower)，高二千八百三十尺。上多佳木，低地則肥沃。居人皆係歐美捕鯨者，來此棲止。一八五九年，其數三百。一八六九年，僅剩三十五。是皆遷徙無常者。特別鳥類有一種木雞。產物有豬羊雞鴨菜蔬糧食等。

論曰：歐人自得我國羅經之製，航行之術日益求精，東南洋諸島之種人，知識有限，各自爲謀，故次第悉被蠶食。新西蘭區區兩島，草昧未開，與英相隔遙遠，竟被侵漁，不及數十年，而原有之島人，將消滅殆盡，或咎其不善於應變，然夏威夷卑辭厚禮，自行立國，似係能識時勢，而其島人亦遞年減少，又何故歟？語云：弱肉強食，可慨也夫。

第四十二章　澳大利亞洲

澳大利亞（Australia）地雖廣大，四圍皆海，東旁太平洋，北臨托列斯海峽，西南所濱者，或謂之東印度洋，然距印度遼遠，實則中國海之外海耳。其地既四無依附，實不過一島而已。輿地家則強畫馬來羣島，並太平洋零星諸島，以附益之，謂之為洲，敷會釋家五大部洲之說，巧於文飾也。惟是島之大者，亦可稱洲，如婆羅洲之例，況大於婆羅洲數倍乎。島在南緯十度四十三分至三十九度十一分，東經一百十三度四十一分至百五十四度二十分。東西長二千五百公里，南北最闊處約二千公里，總共二百九十五萬二千方公里。較歐洲小，較英三島合併，且踰數十倍，可謂東南諸島中之巨擘矣。當西班牙所遣之麥哲倫來探東方島地時見之，以己名名之曰馬格尼加（Mogeluica）。嗣而荷蘭及法國先後皆占之，無利可圖，旋即舍去。英人獨具青眼，以澳大利亞名之者，係取德國語，言有限之義。島形似扁圓，周圍外淺，缺處甚多。北向關勒士海峽，與新幾內亞相距九十公里，有約克角（Cape York）與安行角（Cape Aruhem）雙尖突出，其後各成半島，圍抱一海灣，曰嘉奔塔利（Gulf of Carpentaria），頗廣大。安行半島之西，又有鏗必力洛海灣（Cambridge Gulf），不甚大，納丁買海（Trmorsea）之流。島形自此斜削向西，其港灣尤多，有名者曰鯊魚灣（Shark Bay）。曰地志灣（Geography Bay）。繞轉而南，則有大澳大利亞灣（Great Australian B'ght），闊五、六百公里。斯賓塞灣(Spencer Gulf)。屏省灣(Stvincent Gulf)。二者中隔一小半島，亦名約克，進入通行海峽(Pass Strait)。峽之南為塔斯馬尼亞島(Tasmania)。沿峽至效夷角(Cape Howe)，即島之東濱。距濱相離六十公里之處，有阻礙大淺灘(Great Barrier Reef)，與島並行。至島北約克半島，長千二百公里，其間僅有一徑安穩，可容行船。島濱港灣之有名者：曰磨兒塘灣(Moreton)，曰則克孫港口(Dort Jackson)，此其大略也。島上之山，多在東濱。自北而南，蜿蜒一脈，曰姑聯班(Grampians)。曰牌連尼(Pyrees)。其高者曰邦郎泷(Ben Lomond)，五千尺。曰利裴波爾(Liverpoo)，其峯曰阿斯泣(Oxley's Peak)，四千五百尺。曰藍山(Blue Mountain)，其峯曰旁買運(Mount Boomerang)，四千一百尺。曰庫拉林(Cullarin)，其峯曰瞞都能(Mundoonea)，三千尺。曰杠洛克(Gourock)，其峯曰盤杜蘭(Jin-dulian)，四千三百八十尺。曰莽那(Monar)，其峯曰器卑(Kybean)，四千零八十尺。至澳之亞爾伯山(Australian Alps)，其峯曰柯士甲士柯(Kosciusko)，七千三百零八尺，週年積雪。分枝橫走者曰北濱(Northcoast)。曰愛拉華(Illawara)。曰溪洛克伯利(Curreckbelly)。曰南濱(South Coast)。皆層巒疊巘。惟南濱之若謂齊拉山(Mt coolumngera)，高三千七百十二尺。諸山相接，所圍諸谷皆膏腴，樹木昌茂。河之大者，在南曰買泣(Murray)，其源即出亞爾伯北。由南支買闌必枝 Munrumbridege)，與北支之打林 Darling)兩河會合。其餘諸支：曰拉次閩(Lachlan)。曰博耿(Bogan)。曰馬夸泣(Macaurie)。曰被爾(Teel)。曰巴郎尼(Balonne)。並在南諸支 曰密打(Mitta)。曰馬打(Matta)。曰阿凡(Oven)。曰槁爾牌閩(Goulburn)。曰鐸尼皮(Campa-Ye)。曰洛唐(Loddon)。曰母仁買拉(Min-Nuera)。皆盤繞緯線十度，經線十三度之廣。匯其水由浦冷港道(Post Pulleu)入海。然其在南者，尚有數河，曰雪河(Suowy)。曰耶拉(Yarra)。曰巴彎(Barwon)。

曰何慶(Hopkins)。曰格冷磊爾(Glenelg)。皆流入通行海峽。在東者曰獵人(Hunter)。曰何克士牌利(Hawkesbery)。曰夏士丁(Hastings)。曰淺沙港(Shoalnaven)。曰馬菈(Macley)。曰克拉連士(Clarence)。曰力次莽(Richmoud)。曰蒲力旁(Brisbane)。曰馬利(Mary)。曰牌得慶(Burdekin)。皆流入太平洋。在西者曰黑木(Blackwood)。曰鵠(Swau)。曰買市孫(Marchison)。曰格士媿尼(Gascoyne)。曰姑利(Grey)。皆流入印度洋。在北者曰維多利亞(Victoria)。曰亞得菈得(Adelide)。曰阿力格杜(Alligator)。曰絡悲(Roper)。曰亞爾牌(Albert)。曰符林題(Elinders)。曰密側爾(Mitchell)。曰鏗磊地(Ken-Nedy)。或入丁買海、或入嘉奔塔利海灣，皆不足航行，且有時至於乾涸。湖亦衆，南濱內有地稱湖邑。其由西北斜向東南者，曰圖連湖(Lake Torren)長百餘公里，而不甚闊。略北者曰依兒湖(Lake Eyer)，則較大。其西曰枝兒奶湖(Lake Gairdner)。枝兒奶之東，又有兩湖：曰伯連市湖(Blanche)。曰姑勒哥利。皆係鹽水，不必論其狀大小。惟依兒湖有來源兩道，自西北來者，曰馬堪巴河(Macumba R)，係從抹士姑拉夫山(Musgrave Mt)所發；自東來者，曰庫牌河(Cooper R.)，係從昆士蘭(Queensland)郡中央諸山所發，然皆涓滴之水，無濟於事。是島天氣，位在南半球之南，一半屬於熱帶，而陰陽顛倒，四時冷暖，與北半球相反。北之春而彼爲秋，北之夏而彼爲冬，是日行南陸北陸之故，不足異也。惟地質多沙，有類非洲。凡植物之萌蘗，全賴東風。是島東濱山巒重疊，東風來時，恆被隔阻，致內地西濱，雨澤稀少，有時濃雲密布，若將傾盆，不及片時，居然散渙，是以常有乾旱，或至漫溢之患。東濱新南威爾士(New South Wales)之會城，曰雪黎(Sydey)，每年得雨二十二至八十二寸。惟是地勢各有高下，則乾溼亦自不同。其西向高地，曰高爾邦(Gonlburn)之西南，高舉二千二百六十尺，乃佐治湖(Lake George)址，四圍諸小山，皆罩密樹，長二十公里，闊八公里，一八二四年，其湖積漸縮小，至一八三七年，極爲乾涸，變成一片草地平原，數年後，又復漸漲；一八六五年，則深十七尺，不及兩年，其深又減，只深二尺；一八七八年，又深二十尺，且過舊水痕三尺。由此觀之，伸縮可知矣。新南威爾士東濱，得雨亦顛難。一八二七年至一八二九年，乾旱，河身之流，涸至數公里，草場枯萎，牲畜渴死數千。一八七八年，突然驟雨，變旱乾而洪水。又如何克士牌利河，於一八〇六年，有數節漲出平常水平九十二尺，二百餘堆之麥，悉被漂去，居人攀樹或登屋頂，以避其災，而葬於洪流者，不計其數。一八〇九年，毋力次莽河水高五十尺，一八六七年，更高至六十三尺，所毀廬舍產業無數。其雪亦異，一八三六年六月雪梨得雪不過半時，到地未久即消，而南向高處，一日之間，竟深三尺。一八三〇年六月，亞爾伯山之東孟尼盧(Maneroo)平原，暴雪三星期，衆山之間，積雪深至十五尺，牲畜成羣凍死。亞爾伯山畔有地曰鏗都拉 (Kiandra)，高出海山四千六百尺，自五月至十一月，陸續有雪或至連綿匝月，是爲最高最冷之處。柯士甲士柯低處，雪深四十尺，爲日甚久，尚未融化，且成冰塊，墜落深坑，不啻瑞士冰山之景。大抵諸山高至五千尺以上，恆週年積雪，與在赤道南九度之白連山(Mt. Blene)，雪線在八千五百尺以上者迥異。島中雖無活動火山，然其已熄數處之遺跡俱在，起於島南耿卑兒山 (Mt. Gambeir)，裂開珊瑚灰石，兩旁甚削，所遺火山口，或成湖，或成池澤，其餘各地平原之上，所遺火燒石到處有之。其火山口有在山顛，展開數公里，滿貯以水，深至數百尺，或至二千尺者，想昔年陸續噴發，必不止一次焉。

澳洲一島孤懸南海之東隅，如隔人寰，所生諸物，多與各地迥異。有樹曰歐加利達(Eucalytus)，初生時，長至盈丈，並無枝葉，及高二百尺以上，方有分枝，幹之大者，徑至二十尺，小亦八、九尺，葉輭而堅，恆綠不凋，雖經旱乾，不過色淡而巳，可製油。曰加薩亞利那（Casuarinoe），，亦係有用木料，有嫩枝而無葉，僅綴芽蘖，材亦大，堅實可貴。更有數種，可爲木料，約與相似。此外白楊槐櫟栟櫚之屬，與諸島同。島西一帶，地多沙磧，既乏雨澤，西北風所吹，尤覺枯乾，殆成赤地。僅有零星錯落小叢樹，謂之士庫辣伯(Scrub)。中有士平尼非斯(Spinfek)，荆棘也；達素克（Tussock），蓁莽也，其刺尤多，行人過之，抓裂衣服，或傷皮膚。花有摩梨（Mallee），頗似戎葵。果有谿邁（Currant），乃野生之小葡萄。庫連牌利(Cranberry)，係蛇床子之類，食之無味。惟一種果實曰亞連加利(Arancaria)，似杏仁，尙可適口。其獸多袋鼠之類，大者卽亢格盧，與摩鹿加羣島中同。小者曰兔鼠(Rabbitrat)，尖鼻長距，亦善躍。又有數種：曰牌拉假利亞（Peragalea），亦兔鼠之屬，穴居地下而無尾，食矮樹之根，有曰花連薺(Phalangers)者，居矮樹叢內，或老樹空心中，月明之夜，出食草木之葉，其皮爲袋，乃商貨之最。有身如兔而尾如松鼠者，曰飛袋鼠（ElyingOpossounes），體旁有膜，黏於前後腿，尾則有毛而分支，色黑，長三尺，見人則驚竄，月明時，悄然結羣飛舞於樹林間。曰華士恪洛媚(Phascolomys)，狀亦大，與飛袋鼠同，食樹根草葉，居地穴極深，夜間始出，行動遲緩，其齒咀嚼有力，或云其內似豬肉可食。尙有蝙蝠、飛狐，種類甚繁。袋鼠中有肉食者曰打士耶利打(Dasyaridoe)，或謂爲士著之貓，居石孔中，性兇猛，食小生物與鳥。曰嬰得市納(Antechinus)，大如鼠，食蝸蟻螺蛤。一種松鼠，背有白紋，甚似素貂，尾有長毛，其齒之數，多至五十二，亦食蟻之類。有較大者曰塞拉審納（Tnylacinus），或謂之虎狼（Tiger-wolf），大亦如狼。曰沙恪非辣（Sarcophilus），或謂之士魔(Native-devil)，大僅如貓，皆強悍殘忍，爲綿羊害，西人悉捕獵淨盡，今惟他士孟那島中有之。其無袋之獸兩種：曰阿尼素得非亞（Ornithodelphia），或作壓奴杜得馬他

(Monotremata)，曰伯黎地拔(Platypus)，或謂爲水鼠。一小一大，小者長二十寸，嘴皆扁而禿似鴨，無齒，上下唇俱係角質，上唇旁有闊膜，頭扁腿短，趾有蹼，皮毛棕色 居東南濱河沿，窩深長至五、六十尺。又有曰厄市那(Echiaua)，居荆棘叢中，食蟻，甚似豪豬，口中有一長圓柔輭之舌，吐出涎液膠黏，引蟻來食，即捲而吞之，亦能將身自捲如球，若穿山甲然。鳥類尤多，鸚鵡秦吉了之類，較熱帶尤美，有金黃色者，有若黑絨者，有來福鳥(Rifle Bird)，善剽掠如鷹隼，而毛羽皆金色，無有其匹。最奇者曰萊兒鳥(Lyre bird)，大如孔雀，頸瘦如鶴，足高，毛彩爛斑如錦雞，雄者尾長五、六尺，展開時有兩大羽甚美，分左右彎向外如弓；兩小羽色微暗，支於大羽間，又有十二條羽，翩毛細黑而稀疏，支於四羽間，絲絲然披拂玲瓏。如西國之小箜篌，小箜篌本名萊兒，故以名此鳥；所食蟲蟻草實，見人則飛，營巢在危崖削壁上，人跡不到處；鳴聲尤奇，能作百鳥之音，笳鼓音樂，亦能效之；西人欲致之於生物園，不可得，蟄而斃，骨肉黑硬，又不敢食，故無捕之者。按之爾雅所釋，蛇頸魚尾，燕頷雞啄，殆即鳳歟？其次曰依描(Emu)，與摩鹿加之加瑣華利相似，大亦如之，是駝鳥之類，毛毿較多，自項以下，茸茸頗厚，色暗棕，食卉草樹根，雖有翼，力弱不能飛，善走甚捷，以狗臘之，肉可食，皮有油；味勝火雞。曰蒲辣士條氣(Brusthurkey)，則火雞也，尾毛爲拂，營土堆爲巢。曰結廬鳥(Bower-bird)，大如鴨，毛羽甚美，常捲長條草葉爲巢，拾骨殼碎物，以孵其卵。曰麥技波達(Megapodius)，則埋卵土堆，由日光孵煖，其雛自生。曰末判華吉打(Meliphagidse)，狀如鳩鴿，舌尖如刷，足能倒掛，是亦蜂雀之類。鸚鵡奇美，白色而有玫瑰色之冠，黑者尾闊亦美。果子鳩有綠色者，有赭黃色者，並有冠之鴿甚夥。能歌之鳥，曰波打技(Podagi)亦謂之摩兒博克(Moreaorks)，能作各種音樂，及歌者之聲，弗亞於萊兒也。蟲類蝴蝶甲蟲多而麗，蜥蜴不下百餘種，蛇六、七十種，最大者長四尺或六尺。若非牌（Viper），則蝮蛇也。若碧特非牌（Pitviper），則虺蛇也。皆有毒。若厄拉碧志（Elaaidoe），頭扁，其毒尤能殺人。若鑽石蛇（Diamond Snake），長十二尺，謂爲毒蟒之一，其實無毒。黑蛇僅長五尺或八尺，其毒尤烈。海濱較煖處，有小海蛇數種，扁尾者最毒。士癡斯（Skincs），與技恪士（Geckoes），皆蛇醫也。蟾蜍生於陸，能攀樹。蝦蟆則生於溪河淡水之間，海濱之鯨有數種：曰海獅（Sealions）。曰海牛（Sea-cow）。亦有齒瘦長如象者，皆鯢之類。

澳之土人，暗色皮膚，羊毛質鬆髮者，巴朋種也；棕黃皮膚，稀薄之髮者，馬來或波利尼陝種也；種類雖分明有異，而語言則一。形容略矮，不及歐人之高。肌肉雄壯，四肢略瘦，亦有胖而曲者。女則瘦長，較男差美，男則高額低眉，鼻窄長而準闊，眼睛常露於前，髮與鬚蓬蓬滿臉，棕色多於黑色，全體之毛亦然。有時亦刷其髮，使自捲，擦以膏油，與垢膠黏，以爲光滑都麗，而一股惡臭之氣，恆從頂上出，令人掩鼻，而彼猶以爲美，不自覺也。其性惟作事無恆，亦粗知雕刻。東南濱上，諸山壑穴，有石刻鯊魚、蜥蜴、龜、鱉、袋鼠之形。新南威爾士郡中，有數石壁，刻有衆人跳舞之像，是可貴之遺跡。然多嬉遊愛慕，食宿不時，不知收藏聚積，每到寒季，不免苦飢，且恆赤袒，不知羞愧，及寒季則裹一袋鼠皮外衣，若須穿越荊棘而行，則裹一皮裙自衛。頭上常飾獸齒，或魚骨、或鳥羽、或如刷之獸尾，不論多寡，用一帶綰而束於額上，支以樹枝，庶免垂髮蔽目。無安居屋宇，有數部以石壘窟，以棲其身；有數部粗建茅廬，以樹枝爲柱，並編小枝爲簾，或覆樹皮樹葉草藁，以蔽風雨，皆小而矮，只足容一眷屬，而非久住者，不過數星期，或數月，視何處可以得食，即折屋遷徙而往。其廬亦有深廣可容五眷或十眷，縱橫臥其中。又有數部結廬於山坡上，以大樹枝爲柱。是處樹皮甚大，有長十二尺，闊八尺或十尺。足以遮蓋，成爲佳廬。其食品尤奇，常捕禽獸微爊而食，或至腐爛，亦覺津津有味。蜥蜴蝦蟆，遞及蚍蟻，蛇則去首，皆可生啖，尤嗜人肉，常殺老婦以聚食，如筵晏之珍羞。寒季食缺，妻妾子女，儘可聊供一飽。無錡釜之品，爊肉之法，開地爇熱火，即可炮燔，強半未熟，即可以快朵頤。其腑臟生食已慣：無有他虞也。淸水難得，須穿沙至二、三十尺，始有涓滴，並無陶器可以煮水，則用微凹石片，貯水置爐上煎之，即可飲，不待沸也。得火亦非易易，恆用兩木塊煆於爐中，有時不意而爇，或雨溼而滅，則乞之於其鄰。菜蔬則有野芋之根，長三尺餘，狀如山藥。次曰地花拉的和羅(Typhalatilio)，燈草之根，爊而搓之爲小餅；餘則草樹之嫩葉，槐樹之筴及各種木耳，並取野蜂窩中之蜜，是爲齋廚味。所用器具，有掘地之杖，壳片之鑿，石質之斧，骨錐，骨鍼，能編草木之絲或人髮爲籃爲席，並有火石之刀，以樹膠煆火，黏和木柄，可爲切割之用。以膠樹皮爲小艇，長十五尺，寬三尺，深約盈尺，以杖代篙，可行於買菈河中及南濱各地，而西濱尚不能知用，北濱則鑿樹幹爲之。軍械無弓矢，其奇者二：曰「旁買連」(Boomerang)，乃扁片之硬木，長二、三尺，拗彎其中，跳擲空中，盤旋繞轉，若入飛鳥羣中，必被擊落數隻。戰時亦可擊入敵羣，以亂其陣。曰投杖(Thro Wiugstick)，係一直扁杖，一端尖凸，一端凹入，又有一小矛，長五尺或十尺，將棍凹處套於矛尖，推動擲去，能至五十碼之遠。其常用之矛亦有數種，有雙尖者，兩端可互用，以之捕魚，或用於戰；有倒鉤者，則用以罰罪。並有各種重木之棍，尖鋒之劍，鑲火石利塊於邊，即係利器。有長窄之盾，係樹皮爲之，用以衞身。戰時須先約期，然後會合。兩陣相距遙遠，即爭擲投杖與「旁買連」，繼則擲矛，既接近，則矛劍亂刺亂砍，流血甚多。大抵小部落恆遭殺戮，以人數少，軍力不厚故也。諸部都無政府，亦無頭人，然有酋長主持公道，私人之器具眷屬，即算產業，有刼奪之，即干法紀，令人捕至、以矛刺其大腿，或令他人亂刺，至犯者服罪而後已；女人則由其夫處置。蓋其俗視女人若奴婢，忤夫意，夫可以矛刺其體，或竟殺之，尤爲常事。漁獵乃其生計之最，以網圍魚，以矛刺鯨，結陣而出，倘無女人事，若係獨釣，夫荷一矛前行，女人則以杖負一織成之袋，內藏石碎，與海扇之殼，並樹膠及袋鼠尾筋，隨其後，至海濱，繫火石碎爲鉤，蛇鼠筋爲餌，魚吞硬咽，卽取置地上。若小兒在旁，不妨抱魚生咬，圍獵亦大隊而行，或持矛、或張網、或挖坑阱，趕獸須視風向，伏於叢樹，獸過從下風，以矛刺之，必多得；或攀樹以取孔中之飛袋鼠，或掘地以覓萬士格洛媚。捕鳥用網，亦有用籠。捕野鴨則用長網，布於水邊之樹，人伏樹間，作鷹鳴之聲嚇之，鴨畏羣飛入網，若獨出獵，女人則荷旁買連與投杖，從以備用，不愧唱隨之道。無事時，男人則製器掘水建屋，女人則掘草木之根，覓樹實草芽蠐螬螻蟻，遞及樵薪汲水，編網製袋，及縫袋鼠皮爲衣，並任家事，以稱婦職。迨有餘閒，亦多嬉戲，女惟跳繩唱歌說故事，或各自裝飾；男則放蕩，或作戰鬥，或作獵場角逐。若當月明，男女相聚跳舞，女唱而男追之，不在于互相偎抱也。恆至竟夕，亦樂其所樂耳。此係當於十一、二月，其地酷暑，漁獵所獲易而豐，故可暢所欲。倘至五、六月，其地寒季，常有微雪薄冰，草木枯萎，鳥獸昆蟲，或伏或蟄，則不免飢餓憂愁矣。宗教與禮法相維，澳人無廟宇神像，不信神道，無所崇敬，然畏鬼，病則信巫卜救死，謂可轉移以解厄，相傳人當戰死，靈魂必爲惡鬼；棲於崖巉樹林汙池之間，近之則能致病，解之之法，用矛刺病者之臂出血，便可免厄。亦有禮制，南濱北濱。小兒十歲，其親族相聚，各刺血以擦之，自頭至足。十二或十四，則行割皮禮，似馬來回教之遺；二十須從鯨刺。或剺疤痕，傷口多在肩背胸臂，至結痂，復以火烙之，使其痕深入，其狀不一，是爲三次導引之禮。東濱則敲落前二齒，以代割皮，並以長骨刺透鼻孔之膈膜，如犢之穿鼻然。馬菈河上段之地。女子將及斧，須行劃背之禮，以火石刀，縱橫剺其背，成疤痕無數，有加之腹與臂者，聚眷屬圍繞娛之，俾其忍痛不許哭喊。若女兒能甘忍受，羣相讚美，謂將來婦道必賢，婚嫁無定制，習慣多妻，老人常有三、四婦，訂婚以物賂其父兄，若聘禮焉。或強誘以相處，惟不能娶同姓，及世系輩行不合。若破壞風俗，男人常受矛刺，女人則殺以果腹。葬法不同，有作圓式之冢，深四、五尺；置屍入壙，面必向東。既掩則壘作高堆，覆以樹皮，或鋪茅草。馬澁河下段之地，則置屍木架上，任其朽腐。北濱則置於樹枝上，覆以樹皮或席，鳥鳶盤旋於上，爭啄其肉，野獸伏於下，舐其滴瀝餘汁，似係印度鳥葬之俗。小兒殤，則不埋，由其母負之，至乾成人蠟，始棄去。女人死無葬身之地，大抵葬於人腹。男人出葬，女眷隨之，哭泣盡哀，自以石或殼，劃其體，若將以身爲殉者。孝服剪前髮焚之，亦有以灰抹前額與鼻。若女人先死，其男人與親屬皆無服。諸部皆無錢幣，無所謂商務者，貿易則以貨易貨，各稱其量。其語言頗似馬來，然無尾音。地勢雖廣，而諸部人口甚稀。英人未至之先，總共不過二、三十萬，及被英人侵占後，漸消滅，至一八九〇年，所餘不過數萬而已。

西班牙所遺麥哲倫，初抵是島之北濱，疑爲中國地，既又疑爲中國屬地，弗敢侮慢，棄而之他。一六二二年，荷蘭人見其西濱，名之爲凡的孟蘭（Van Diemen's Lands），嗣則改稱爲新荷蘭(NewHolland）。一七七〇年，英航海家庫克覓航路，至其東濱，名以新南威爾士。一七九八年，英海軍中一外科醫士名巴士(Pass)，分段探考其地，並及於他士孟那島，故兩島相距之通行海峽，譯音稱巴士，即用其名識之也。一七八八年，英議以新南威爾士爲移殖罪人之地。一七九〇年，實行遷徙徒流，至其地開墾。一八二五年，又闢他士孟那。一八二九年，及於西濱鵠河之地。一八三四年，則設立其南濱，並改新荷蘭之名爲澳大利亞。一八三九年，設立厄審唐海埠（Port Essiugton），未幾廢之，因天氣不爽也。一八五一年，則設維多利亞與昆士蘭兩郡，然其間遣人接踵探查其內地，亦歷歷可數。一八四四年，士題(Stuart)由南濱之斯賓塞灣穿入至北濱之嘉班他利亞灣，經過其中諸地。一八五六年，姑勒姑利(Gregory)探其西北濱之維多利亞河。一八五八年，又探巴庫河(Borcoo)，沿河至圖連湖，經過三百公里程途，皆無所得。一八六〇年，至一八六一年，士杜亞(Stuart)亦由斯賓塞灣入，轉向西北，行二、三百公里；第二次則由嘉班他利亞入，又行二百五十公里；第三次由南濱入，行九十公里，橫越空曠諸地，所得亦微。一八六〇年八月，牌克(Burke)與威爾(Wills)兩人，從維多利亞郡之墨爾鉢(Melburne)起行，十月至打林河上孟寧地(Meniudie)，當南緯三十二度十五分，東經百四十二度處，轉由庫牌河，至東經百四十度，沿南緯二十八度轉東北至符林題河。次年二月，始到嘉班他利亞灣，曲折迂道，閱歷較深。一八六二年，士杜亞載電線，由南至北，橫越其地，豎立電竿。一八七三年，格爾華牌唐(Col Warburton)又橫越其地，至於西濱。歷屆所探，咸謂其內地皆沙石如戈壁，雖有一、二清水之區，諸山重疊，約高出海上二千尺。數處樹林溼地，祇宜作為牧場，天氣甚異，北半在熱帶以內，和風屬於十月，至四月間，有大雨。若在熱帶以外，則參差不齊，或數年不雨，或連年洪水。西北風吹過沙磧，則乾燥而熱，華氏表昇起八十至百十度。墨爾鉢衆山上，雖少雪，有時微霜薄冰，亦見於郊外。礦質頗盛，若銅、鐵、錫、鉛、煤、鎳、水銀、磁泥，皆有之，然弗及金之富有也。其金之發露也，初時微特英中不之知，卽移殖居於其地之民，亦未之覺。一八四一年，子爵士杜梨勒器(Couut Strlecki)從買市孫河得一種石，似礦質，異之，取為園牆花徑，鋪砌花紋。適牛津(Oxford)學校一卒業生至，謂金色鵝卵石，與白晶結合，似係眞金，遂著一說，刊於康孟爾(Oorn-wall)礦工報，勸勉新南威爾士之居留者。衆見之，以為寓言，不甚留意。一八五一年，近牌拉牌拉

(Burra Burra)銅鑛處，忽然發露，有農人鋤淤泥，得此鵝卵石，以爲良確，然尙未知燒煉之法。由是練習試驗，未幾而彰，英國遂因而富，澳地之民來居者，更因而庶矣。惟是土人坐擁如許固有之精英，榛榛狉狉、一籌莫展，被英人日剝月削，將亡其族。由此觀之，人可不學乎哉。

新南威爾士乃澳東濱一郡，英殖民之地也。東界太平洋，西界南澳，北界昆士蘭，南界買莅河與維多利亞郡分疆。由南緯二十八度八分險角(Point Danger)起，至三十七度三十五分效夷角，東經百四十一度至百五十三度三十三分。人民七、八十萬，各國籍皆有，而英人尤多。一七八八年正月，英人初遣囚徒至其地，由保登武灣(Botany Bay)上岸。後改至則克孫港，較爲安穩。一八五一年，其人民先後所集，不及二十萬。及金鑛發現，來者如蟻，竟增數倍。柯士甲士柯山，週年積雪，係其郡最高處。買闌必拔河諸支，發於藍山，其內向之峯，有高三千尺以上者。約克山(Mt. York)則三千二百九十二尺。羣山層疊，謂爲大分水嶺(Creat Dividi.g Range)，與海濱之綫平行。相距之內，五十至百五十公里不等，次第有泉，皆諸河之源。在東者流短，悉匯於太平洋：曰淺沙港，曰何克士牌利，曰獵八，曰孟寧(Maning)，曰馬莅，曰克拉連士，曰毋力次莽，在西者流長，皆匯合一行道，通於南澳，而後入海。曰買闌必拔，曰拉次闆，曰打連士。其北向則有林氏山(Ht. Lindsey)，高五千七百尺，與海景山(Seaview Mt.)，高六千尺，岡巒重疊，犬牙交錯，在南緯三十度至三十二度之間。溪流甚多，湧於其旁，俱產生金，是謂金田。一八五一年，夏姑莅夫(Hargreaves)在阿浮(Ophir)，大有發現。一八六九年，雪梨邑設有鑄錢局，收得三十二萬八千一百九十七兩之金，值百二十六萬四千七百四十八磅。皆係金田各地所送者。大煤礦亦在雪梨邑相距六十公里，新加士得(New Castle)每年出煤九十一萬九千七百七十五噸，值三十四萬六千一百四十五磅。煤油石，卽電石也，年出一萬七千八百五十噸，値五萬零四百七．五磅。其餘銅鐵硃砂，所出亦不少。其要港皆在東濱：曰士和得灣(Towfold B)，在於齊非灣(Stjevin B)之內。曰植物灣．即保登武灣也。曰則克孫港。曰破裂灣(Broken B)。曰獵人灣。曰士地芳(Stepheas)。曰馬夸利(Macauarie)，曰試探灣(Trial'B)。則克孫港內五公里，即雪梨邑，乃是郡之會城。在南緯三十三度五十一分四十一秒．東經百五十一度十一分四十二秒。一七八八年，亞蹕非力船主(Captain, Arthur, Phillip)奉英政府命，運載發遣徒流遷徙至此。一八四六年，人民不過三、四萬。一八七一年，此城人民竟至十四、五萬，今且至二、三十萬矣。其間公所並私人之屋，皆用沙石建築華美。有主治者公廨，即政府，由英政府任之。有公會，如英巴力門(Parlameut)之制，分兩院，上院亦由英政府題名，下院則由民選，合共五百四十六員。中選一員，協助主治者。教育甚重，中有大學一，中學三，文法學堂一，觀象台一，博物院一，公園數座，船塢一。一八四七年．分所轄爲二十邑一州，全郡信教皆許自由，教堂小學堂，一千二百餘所，可容十六、七萬坐位。星期學堂千餘所，自日學堂，私設學堂，五、六百所。屬於教會者，九百餘所。師爲六、七百，生徒六、七萬，小孩七萬餘。政府津貼學費，歲十七、八萬磅。天氣溫度，五月七十度，七月五十度，全年雨量四、五十寸。鑄錢局建於一八五五年，其金錢由英國承認，通行各地，則係一八六六年也。其地距倫敦海程一萬二千 四十公里，舊時帆船，須行八十六日，一八六六年始有汽船送郵，往來於各埠。推拓之地，初擬四十八萬二千三百四十二畝，至一八七四年，則發租之地，三百五十萬七千八百九 七畝，有主者．則七百萬零六百十九畝，多種稷，小麥。甘蔗製糖，葡萄釀酒，牧場之鍋，飼畜牛馬。綿羊甚蕃，至二千餘萬，每年出口羊毛，値數百萬磅，爲商貨最。牛二百餘萬，馬三、四十萬，豬二、三十萬，脂油出口二、三十萬磅。其金除鑄錢外，亦鎔以爲條爲餅，約値二、三百萬磅。

出口之金稅，每兩二先令六便士，每年鑄費可得二萬磅。稅可得一萬五千磅。木料甚豐，多至三百餘種，皆精美堅固，勝於諸地。一種紅柏樹曰氏打（bed Ceder），頗似梨木，高三百尺，徑十尺，可供雕刻，亦可造船。一八六二年，萬國賽會甚稱之。電線可達七、八千公里，費至二十餘萬磅。鐵路第一線，由雪梨通至巴拉馬打（Parramatta），成於一八五五年。至一八八〇年，延長至三百九十六公里。今則且通全島，並有交叉之分枝矣。全年出入口之稅，可得三、四百萬磅。費用二、三百萬磅，頗有羨餘，而公債則一萬零五十餘萬磅。

維多利亞，本係英前女王之名，譯言得勝也。以之名地，不勝枚舉。即如澳島之西濱，有一邑，在南緯三十一度二十分　東經百十七度。鴣河之上，與澳之南濱，有一地，在南緯三十三度二十分，斯賓塞灣之上，皆名維多利亞、尚不在於島之西北維多利亞河也。此乃澳東南濱之一郡，從前謂之菲力海埠（Portphillip District），爲新南威爾士之南邑，一八五一年，始分出自行爲郡，亦英殖民之地。在南緯三十四度至三十九度，東經百四十一度至百五十度。其西與南澳分疆，即以經線百四十一度爲界。南臨於通行海峽，向東斜繞效夷角，北與新南威爾士以買瀣河爲分界。地勢三角形，東西長四百九十公里，闊百五十公里至二百公里，面積八萬八千一百九十八方公里，初時估算，可種植之地，不過五千六百四十六萬四千七百二十畝。至一八七三年，推拓出賣，至九千四百萬一千零五十畝。初時十六萬一千餘畝種麥，八萬六千畝種小麥，四千畝種大麥，二萬四、五千畝種薯，有十餘萬畝屬芻，次則三、四十萬畝種麥，十餘萬畝種小麥，二、三萬畝種大麥，三、四萬畝種薯，二十餘萬畝屬芻。積漸開墾，日新年異，遂無閒田矣。人民當開郡時，不過七、八萬。一八六一年則五十餘萬。一八七一年竟至七、八十萬。亦係有金所招引也。今則已逾百萬。一八六三年，其地尙有土人二千餘，然不能安居，強半遷徙而去。

喧賓奪主，斯爲可畏。其港之最，即非力海埠。本係草地，頗逼窄，因開樹林廣之。亞爾平地，即亞爾伯山西北斜坡，買菈河南支來源，由此而發。最高山嶺曰華拉杜(Warragong)，即柯士甲柯士危峯分支也。其北河省山(Mt. Hotham)，高六千四百十六尺。西向姑聯山脈中，有威廉山(Mt. William)四千五百尺　河之最者：即買菈，其源既從亞爾伯山來，本郡界內諸河，與之會者，曰密打，曰阿幾，曰稿爾牌閩，曰鑠巴皮，曰洛唐，曰亞和加(Avoca)，曰毋仁買拉。惟毋仁買拉通過兩湖。曰邢圖亞許(Hinduarth)，曰亞爾巴甲耶(Aldaculya)，後者沒干涉中或須大雨，或承雪山之水而漲。並有吉伯蘭(Gipps Land)數溪．通過墨爾缽，流入即拉耶拉並巴灣，通過西界之技郎(Geelong)，及吉冷磊爾諸河。吉伯蘭，乃海隅一地，由郊夷角而西，橫展百八十公里之遠，其中亦括有數河也。墨爾缽，其會城也。在耶拉河上，距非力海埠之口八公里，當南緯二十七度四十三分五十三秒，東經百四十四度四十七分四十二秒。天氣溫和，足匹於倫敦。七月四十四度，正月遇有熱風，則發起百餘度。冰霜有時見於郊外．雪甚罕，雨天歲有百餘日，猛雨不過數時即已。雨最二十六寸。一八五五年，英許其設立自治政府，主治者由英國王派充。其下院選舉資格，以業產爲重，用球法施行選舉票，餘與新南威爾士同。一八五一年，城中人民僅三萬，一八六一年則十餘萬，一八七〇年且至二十萬以上，今則更加矣。非力海埠之港甚佳，最大之船，可停泊於何孫灣(Hodson B)，深水處兩碼頭。城中有博物院一．公共藏書所一，分所轄二十四邑，三州，六十鎮，百一十區。教堂無政府所設立，惟年助以五萬磅，賙濟基督教徒。由是英之教堂，約有四百餘所，羅馬天主教，三百餘所，而公共崇教之所，則二千餘。牧師註册者五、六百人。教育遵照英政府一八七三年通行新例，有由政府供給者，有由地方題名捐助學費者。學堂之數二千餘，生徒二十四、五萬，所收捐助之費，不過十萬，而政府所給，則至

十六、七萬磅，其地礦產奇富，金、銀、鐵、錫、銻、煤皆有。煤田占面積三千方公里，首在吉伯蘭中保蘭灣(Portland)與技郎附近處。鐵苗在於森夏士得(Sandhwrst)。錫在阿凡邑。俱不若產金之地廣大，約占一萬六千方公里。一八五七年，各地所出之金，婆拉母拉(Ballarat)，九十四萬八千七百另九兩；森夏士得五十二萬五千零十八兩；馬利旁潦(Maryborough)三十四萬八千零五十一兩；比次孟司(Beechworth)三十四萬五千三百四十九兩；加士連銘尼(Castlemaine)三十一萬五千七百七十七兩。自一八五一年至一八六一年，其出口之金，三千六百十六萬二千四百三十二兩，値一萬零四百六十四萬九千七百二十八磅。一八六二年，製一方尖式金塔，高四十四尺九寸有奇，基廣十尺。送萬國賽會，可謂豪奢極矣。一八七三年，各地所產總共一百二十二萬零八百七十九兩，其餘可知矣。牧畜之利亦大，綿羊千餘萬，牛百餘萬，馬三、四十萬，豬二、三十萬，駱駝山羊無數。並以英國之鳥放於樹林，鯉鯽放於溪河，亦孳生甚夥。每年入口之貨，所値雖千餘萬磅，而羊毛一項，出口且値至二千餘萬磅。稅與地價所入五百餘萬磅，費用則四百餘萬磅。鐵路開於一八六一年，今則可通全島。電線亦然，並有水線，與他士孟島相通。

昆士蘭，譯言后地也。澳之東北郡，亦英殖民之所。從南緯十度四十分約克角至三十八度八分險角，東經百三十八度至百五十三度三十三分。舊本新南威爾士北部。一八四五年，英徙流徙殖之。一八五九年始設爲郡。其南分界之線，係從險角沿南緯二十九度之線至東經百四十一度。其西與南澳分界，即沿此線而上，至南緯二十六度，折轉向西，至東經百三十八度後，直畫而上。北至嘉班他利亞海灣而上。包括面積甚廣，計合六十六萬八千二百六十方公里。一八六二年，其地之歐人四萬五千餘，土人一萬五千。至一八六九年，歐人十餘萬。一八七四年，歐人十六、七萬，土人不及萬。今則歐人數十萬，而土人所剩無幾矣。海濱之線，長至二千二百五十公里。佳港不少，其尤者：曰摩兒塘灣，長六十五公里，闊二十公里，餘曰闊灣(Wide B)，曰赫裴灣(Ileaveg B)，曰谿地港(Port Curtis)，曰寶灣港(Port Bowen)，曰淺水澳，曰廣峽(Brond Sound)，曰懷贊地過路處(Whitsunday Passage)，曰厄滋琪伯(Edgecumb)，曰驚起(Vpstart)，曰綠球場(Bowling Gaeeu)，曰克利夫蘭(Kleveland)，曰夏利花斯(Hifax)，曰博克衖灣(Bocknam B)。東向諸山，沿濱而走，距海不外六、七十公里。衆溪河可航者：曰蒲力旁，曰牌茄(Burnet)，曰非字毋雷(Fitzroy)，曰馬利，曰牌徉麗。其海埠亦衆，除蒲力旁省會城外，曰亦蘇亦次(Ips Wich)，曰馬利保滌(Maryborough)，曰羅毋利斯(St Lawreuce)，曰馬器(Mackey)，曰寶灣，曰唐菲爾(Townvelle)，曰名井(Cardwell)，皆在東濱。曰斛斗(Sowerset)，在於約克角口。曹屍鎮(Burke Town)則在北濱，嘉班他利亞海灣上。其省會城蒲力旁，在摩兒塘灣內蒲力旁河上距海口二十五公里，當南緯二十七度五十分，東經百五十三度五分，人民約二、三萬。有主治者爲政府，並上下院。例與他郡同．有植物園、煤燈廠、日報館 信教自由，政府有資助之。全郡學堂二百餘所，學者二萬七、八千。其地以九月十一日 春，溫度七十一度；十二月至三月爲夏，七十七度；三月至五月爲秋，六十四度；六月至八月爲冬；六十一度。天氣乾燥，白日雖熱，夜間恆涼。人多疾病，瘟疫、痳瘧、霍亂、便痢，不時有之。雨甚不等，不時漫溢泱漭，有時乾旱，而旱尤爲常事。金產於洛克衖塘之邑峯(Peah Down)，河角(Cape River)，加雷伯(Callipe)，技被浮(Gympie Creek)。溪中之金尤旺，在於水晶層內。一八七三年，出口之金值七十一萬七千五百四十磅，次年則值百三十五萬六千三百二十一磅，多運至新南威爾士以鼓鑄。銅產數處，而邑峯之礦已用多數礦夫開採，提淨爲銅條．一八六六年出口不過四百四十一噸，一八七四年則二千二百二十八噸，值十六萬四千零四十磅。煤在亦蘇亦次與馬利保潦，每年可出爲十萬噸。棉花之質尤佳，萬國賽會時品之，宜爲織貨，由是海濱至於內地高原皆種之，謂每畝所產足值九磅。一八六〇年，所種之地，二千八百八十四畝。及一八七〇年，則一萬四千六百七十四畝。未幾漸衰矣。甘蔗尤佳，一八七四年已有一萬四千六百畝，今則更盛。亦種桑樹，若培植得宜，當產好絲，而成效尚未昭著也。牧畜之地，已展三、四千方公里，每方公里租價十至二十五先令，定期五年或十九年不等。綿羊約至千萬，牛百萬，馬六、七萬，豬三、四萬。其出口之貨，在南方邊界上，包括馬、牛、羊等，歲可值三、四百萬磅。其大宗爲羊毛、脂油、糧食、皮革、金、銅、棉花、糖、酒、葛粉也。入口之貨，足值二、三百萬磅。歲收之稅，百五、六十萬磅。用費百三、四十萬磅。公債則五百餘萬磅。其鐵路電線汽船皆與各埠交通。

南澳(South Australia)，爲澳大利亞南濱一郡，實係島之中部，蓋英人以是島分爲三段。東則由東經百四十一度，盡至南緯二十六度，折而西至東經百三十八度直盡向北，迄於嘉奔塔利海濱止，其東則與昆士蘭，並新南威爾士及維多利亞三郡接壤，西則由東經百二十九度，由南濱直盡至於北濱與西澳分界。茲由南緯二十六度至三十八度言之，縱橫皆約千五百公里，頗似四方形，面積九十萬四千一百三十三方公里。南濱多缺口，在澳大利亞大灣之東，鏠灣與屏省灣相隔於約克小半島，而屏省灣之外有袋鼠島(Kangaroot)以蔽之，是爲佳港。郡中地勢，崎嶇平坦，不一而足。諸山層疊，有稿禮(Galwer)山岡，往西向士杜蒞氣灣(Streaky B)展至鏠灣之巔，高二千尺。而符林題(Flinar's)山脈，則從鏠灣之巔向北走，有高至三千尺以上者。蒲蒞營山(Mt. Bryant)最高，在屏省灣之東，高三千零十二尺。而鏠灣之西意兒(Fyre)半島上者，高千三百尺。買蒞雖發源於亞爾伯山，其下節之流，則在此郡之南低原上，入於屏省灣東浦冷海港，是爲略可航行之水道。其餘溪澗衆多，皆係淸水。諸湖曰

圖連　曰亞歷山都利那，曰孜兒奶，曰姑勒哥利，曰依兒，曰符洛母(Frome)，其餘池沼浦澤無數。浦冷海埠，原在東南隅嬰裂迺灣(Eueonuter B)，上與屛省灣及拉士皮符灣(Lacipide B)相接，皆從前殖民各部位。其都會亞得淶得(Adelaide)，在圖迺河處，距海口六公里，當南緯三十四度五十五分，東經百三十八度三十八分係一八三六年所設立，次年三月始成。初時民居稀少，皆茅廬草舍，或圍籧篨，以蔽風雨。積漸修築，街衢皆切作三角形，圍一公共地　謂之囿地(Park Land)，計合一千六百四十畝。不及數年，人民遂至三萬餘。政府之主治者駐焉。上院立法十八員，下院行法三十六員，三年一選，選票以球定。植物園、煤燈廠、製造廠、銀行、郵局、醫院、監牢、戲園、報館、鐵路、電線、俱有之。圖迺河上有一橋，橫通南北。全部教堂甚多，政府不給津貼，牧師進款無多，入教之人甚夥，基督教四、五萬人，天主教約二萬，監理會二、三萬，長老會萬餘人，而從路德之徒亦不少。尙有數經會，浸洗會，並未及丁之童子，恆獻財幣，布施饑罪。總共人民之數亦不下數十萬。每年天氣溫度約六十三度零四。雨量二十寸。雖有熱風，恆多乾旱。一八六〇年，種植所計四十六萬畝。一八六九年，則九十萬畝。多係種麥。牧場則廣至六、七百畝，以八十畝爲一區，定價拍賣，畝約一磅上下，授銀即可管地。葡萄最宜，種至五千餘畝。出口之酒，已逾六十七萬加倫。羊六、七百萬，牛二、三十萬，馬八、九萬，豬七、八萬。羊毛出口三、四千萬磅，値二百萬磅。礦質雖有金，不甚旺，有向奧加巴連假(Oukapariuga)附近處，用二百人開礦，無成效而罷。銅鉛出口，每年約値二、三百萬磅，煤則無有。諸貨出口，歲四、五百萬磅。入口則衣服、棉絨、鐵器、革貨、機器、啤酒、燒酒、菸葉、文具、玻璃貨，約値三、四百萬磅。稅可二百萬磅。費用百七、八十萬磅。公債則二百萬餘磅。南澳郡北，自南緯二十六度起，向北而上，直達至嘉奔堵利，其地甚廣，謂之亞歷山大蘭(Alexandraland)。

磽瘠有無出產，英人悉驅土人，聚居其中，似示寬待之意。然日削月剜，殆亦不能久存也。

西澳(Western Australia)，在澳島之西，亦英殖民之一郡。舊謂之鵠河。英廷派有傳教者居之，限以祇在東經百二十九度之西。與南澳接壤，其南北西三邊，皆臨印度洋。南北長一千二百八十公里，闊約八百公里，面積九十七萬二百九十九方公里，初時人民僅五、六千，今亦不過十餘萬。地雖廣大，有人居之處甚少。其東有一邑，屬於土人，其數亦不過一千上下，是卽舊地主也。是郡有三行山脈，由北而南，從海濱而向內地，其高聳者：曰杜爾班諾(Tul-bauoh)峯，高五千尺。其間有石、灰石、泥石，所布甚廣。西南角有澳，曰地誌，有火燒石，大如柱者甚多，諸島澳外，一行珊瑚礁突出，直走六公里之遠。其地亦有金質諸鑛，銅、鐵、鉛、白鉛、水銀甚豐。土鬆而乾。鵠河雖爲最大之流，頗淺。內有數鹽湖，似其來源，必非淸水。其都會曰牌斯(Perth)，在南緯三十二度東經百十六度。距鵠河之口十公里。天氣乾燥，華氏表溫度，正月七十二度，七月五十四度。一八六一年，設立政府以主治，並上下院公會，如諸郡例，分爲三十二州邑。肥潤宜於種植之地有數處，約四、五萬畝，於葡萄橄欖無花果頗合。木料最多，歐加利達爲最。其次曰佳拉(Jarrap)，曰都華(Tovart)，皆大材可以建船，舊爲出口大宗，今已衰落，因風雨洪水白蟻損害也。而檀木尚爲貴重商貨，多運至中國。亦事牧畜，綿羊約百萬，牛七、八萬，馬三、四萬。出口羊毛、檀木、珠貝、與銅，約值四、五十萬磅。入口衣服、棉貨、毛織、鐵器、麥酒、燒酒，所值足以相抵。稅十五、六萬磅。費用如之。公債十餘萬磅。

塔斯馬尼亞(Tasmania)，乃澳南一島。舊名樊帶孟蘭(Van Diemeus Land)，英亦占爲殖民郡。與澳相隔於通行海峽，闊百二十九公里。在南緯四十度三十八分至四十三度四十分，東經百四十四度四十分至百四十八度二十分。南北長二百公里，東西闊亦二百公里。狀如豬心，面積二萬六千二百十五方公里。濱線週圍約七百公里。一六四二年，塔斯馬初見之，後經庫克測探，頗知其內容。一八〇三年，英廷議爲發配之地。一八五一年，始移流徒男二千一百三十九，女八百六十九至島。明年，廢此例，改島名，以誌塔斯馬首功。又明年，設官理政事，今則人民已至十五、六萬。當十八世紀之初年，此島尙有土人一萬五千，今竟滅亡淨盡矣。島之中央，一高原出海上三千尺，上有二湖，大小不等，其廣有二千五百畝者，有五十畝者，風景甚佳。衆山崔巍巀巕，多在東向：曰班郎莽（Pen Lomond），高五千零十尺；曰巴滎(Mt. Barrow)，四千十四尺，曰威靈頓(Mt. Wellington)，巍然圓頂，在荷巴邑(Hobart Town)後，四千一百六十六尺。西向空無人居。樹木甚多，有高至三百五十尺者。其山曰姑拉陶 (Cradle Monntain)，高五千零六十九尺。曰法國人帽 (Frenchmancap)，四千七百五十六尺。乾峭壁(Dr. Ys Bluff)，四千二百五十七尺。情書峯(Valentine Teak)，四千尺。遠距六十公里，即可望見。諸河在南者：曰題灣(Derweut)，曰項(Houh)，在北者：曰打馬 (Tamar)。港之最曰風雨灣 (Storm B)，可達荷巴邑與誇利港。西濱之土甚佳，尙可廣種樹木，惟清理之工太大耳。一八七四年，於高地上，畫出面積五十四萬五千八百四十八畝；而內地亦有八十萬二千五百五十二畝，可供種植。初時麥不過三十三萬零二百五十七畝，種稻十萬一千一百八十畝，種薯六千九百七十八畝，窮地則二萬零四百八十六畝。積漸墾荒，不久即無曠地。礦則金、銀、銅、鐵、錫、煤、寶石皆有，煤尤豐且佳，古地甚廣。先從南向他士孟半島開採，煤層甚厚，且係白煤。金之額不甚多，可得於型格爾(Fiugal)。鐵苗尤旺。銅錫發見於數處。其樹林之可貴木料，足供造船，取之不竭。他士孟半島與亞瑟港 (Port Arthur)，俱在南濱南緯四十三度十分。每年溫度五十八度，最冷之月五十三度，最煖之月六十二度。雨量四十四寸，至少亦有二十一寸。牲畜之數：綿羊百七、八十萬，牛二十萬，馬三、四萬。捕鯨亦係工業之一，每年可得六、七萬磅。出口羊毛、木料、麥，小麥、革皮、脂油、魚油、樹皮、麵粉、蔬果等約値百餘萬磅。入口諸貨之値，略與相等。稅與用費，出[illegible]各須三、四十萬磅。公債百五、六十萬磅。合之東北符林巴(Flinder)與巴母運(Barren)諸小島，分爲十九邑。都城即荷巴首邑，在東南濱顛彎河口，抹姑拉扶(Mulgrave)海口上。當南緯四十二度五十三分五秒，東經百四十七度二十一分五秒。居民二萬。政府議會選舉資格，約同諸部。電報横越通行海峽與澳相通。亦有博物院、藏書所，多用白石建築。全島學堂甚衆，而数堂則有屬英，有屬蘇格蘭，有屬羅馬，有屬猶太之别。

論曰：秦之送囚徒也，築長城，營驪山，遂至於亡國。英送囚徒，越海数萬里，開拓澳島，因之得金，足以富國。何幸不幸之異也。蓋秦徒恃其兵之強，未嘗省視其地與囚宜否，而英則用航海家，先行週視測探，辨其風土，然後行事。只此一着，仁暴攸分矣。世言英以三島，控制五大洲，全仗海軍。夫海軍之設，各國皆有之，豈獨英哉！惟英之海軍於航海技術之外，尤要學識，故其成效，得以彰彰若此。至於金礦一事，地不愛寶，聽憑造化，可毋論焉。當澳島初開時，地廣人稀，且有金礦之利，各國之人爭趨之，如蟻之附腥也。近來金苗已減，而歐人占滿其地，以興農工，於是遂有限制中國人入口之令，蓋恐分其利耳。中國人不能自闢土地，到處寄人籬下，致遭白眼，可哀也已。

中華民國三十五年十一月初版

南洋與東南洋羣島誌畧

全一冊　定價國幣三元六角
（外埠酌加運費匯費）

編著者　陳壽彭
發行人　吳秉常
印刷所　正中書局
發行所　正中書局

(2027)

2/1—0.15